이스라엘 성지순례

도서출판 말씀과 만남은 그리스도인들과 세상 모든 사람들이
하나님의 말씀과 만나 그 생각이 새로워지고 그 삶이 풍성해지도록 돕고 있습니다.

이스라엘 성지순례

배 창 돈 목사 지음

1판 2쇄 / 2005. 9. 20
발행처 / 말씀과만남
발행인 / 최 헌 근
등록번호 / 제20-444호
등록일자 / 1991. 6. 19

138-220 서울특별시 송파구 잠실동 339-3
Tel : (031) 594-6327, Fax : (031) 594-6328
전자우편 : mmpress@hanmail.net

ISBN 89-7508-013-7

정가 : 8,000원

잘못된 책은 바꾸어 드립니다.

성지순례 가이드 북

이스라엘 성지순례

배창돈 목사 지음

말씀과만남

머 리말

여행은 삶을 되돌아볼 수 있는 여유를 주는 것 같습니다. 특히 역사가 깃든 유적지는 많은 것을 얻을 수 있는 계기가 됩니다. 그런 점에서 그리스도인들의 이스라엘 방문은 참으로 큰 의미가 있을 것입니다.

예수님의 고향인 성지 이스라엘을 방문하고 느낀 바를 함께 나누고 싶어 몇 자 적었습니다. 각 지역을 순례하면서 성경과 연관된 사실들을 확실하게 알았으면 하는 바람이 있었습니다. 좋은 가이드 목사님을 만나 자세하게 들을 수는 있었으나 그 모두를 기억하거나 메모해 두기에는 역부족이라는 생각이 들었습니다. 특히 성경 속에 나타난 지명과의 관계를 성경적인 관점에서 접근하고 싶었습니다. 그래서 이 글은 몇 가지 점에 착안하여 기록하였습니다.

첫 번째, 여행하며 느낀 점을 나름대로 적어보았습니다.
두 번째, 여행하는 분들의 이해를 돕기 위해 역사적인 배경과 유적에 얽힌 내용을 정확하게 기록하려고 노력했습니다.
세 번째, 성지의 각 유적지와 성경과의 관계를 세밀하게 기록하려고 노력했습니다.

　네 번째, 성지 이스라엘을 여행하는 분들이 미리 보고 도움이 될 수 있는 가이드의 역할도 할 수 있도록 했습니다.

　아무쪼록 이 책을 통하여 주님을 좀더 이해하고 사랑하는 계기가 되기를 바랄 뿐입니다.

평택에서 배창돈 목사

차 례

색인

1 • 하나님의 자녀들

대한항공 911기 편으로 네덜란드의 수도 암스테르담을 향하고 있다.

몇 년 전 이웃 교회 목사님께서 성지순례를 마치고 오셔서 마음이 붕 떠있는 사람처럼 흥분해서 성지순례에 대해 자랑하던 기억이 아직도 새로운데, 지금 성지 이스라엘을 향하고 있으니 참으로 새로운 감회가 마음속으로 밀려온다.

성지순례를 떠나기 전까지는 교회 일 때문에 망설였으나 지금은 모든 것을 잊었다. 오직 예수님의 고향으로 향하고 있다는 생각을 하니 어제까지의 모든 염려는 머리속에서 사라졌다. 공항까지 환송 나온 순장님들의 말이 아직도 귓전을 때리고 있다. "목사님, 교회 일은 신경 쓰지 마시고 편안하게 다녀오세요. 귀국하실 때에는 플래카드를 준비하겠습니다." 이 말에 나는 웃으면서 이렇게 말했다. "촌 사람 외국 한 번 나갔다 오는 것처럼 너무 유난을 떨면 다른 사람들 보기에 민망합니다."

그리스도인들은 모두가 하나님의 자녀이다. 그러므로 서로 사랑해야 한다. 환송을 나온 순장님들도 그리스도 안에서 한 형제요, 함께 성지순례를 떠나고 있는 모든 분들 역시 형제인 것이다.

기내에서 성경을 보고 있는데 스튜어디스 중에 한 명이 유난히 밝은 얼굴을 하며 친절하게 대해 주었다. 알고 보니 그 자매도 하나님의 자녀였다. "비행기 안에서 성경을 보는 분들을 보면 반가워요."

천국에서 영원히 함께 살 자녀들이기에 이 세상을 사는 동안 더욱 열심히 사랑해야 한다. 이해하고 용서하고 관용을 베풀어야 한다. 하나님께서는 형제들이 다투는 것을 가장 싫어하신다. 그러므로 형제를 미워하는 자를 외면해 버리시는 것이다. 그러므로 하나님과의 아름다운 교제를 원한다면 형제를 사랑해야 한다. 성지순례를 마치고 돌아가면 성도들에게 좀더 많은 사랑을 베풀어야겠다고 마음속으로 다짐해 본다.

비행기는 지금 죄 많은 이 세상 사람들에게 사랑을 베풀기 위해 이 땅으로 오신 예수님의 조국인 이스라엘을 향해 더욱 가까이 다가가고 있다.

기내에 설치된 스크린에 승객들에게 알리는 내용이 기록되고 있다. 현재 위치는 시베리아 상공, 현재 시간은 19시 42분, 속도는 시속 800Km, 고도는 10,500m, 비행기의 바깥 온도는 영하 53도이지만 비행기 안에서는 냉기

를 전혀 느낄 수가 없다. 그리스도의 사랑이 그 어떤 냉기
도 차단해 주듯이 ….

이스라엘의 전경

2 · 영원한 안내자

비행기가 네덜란드의 수도 암스테르담에 도착했다.
13시간 동안 비행기를 타고 온 이후라 모든 사람들은 지
쳐 있었다. 이스라엘을 향해 출발하는 비행기가 24시 10
분에 있어 그때까지 5시간 정도의 여유가 있었다. 일행은
잠시 공항 바깥으로 나가서 기념 촬영을 했다.

전 국토의 4분의 1 이상이 해면보다 낮은 네덜란드는
자원이 부족하였으나 근면한 국민성으로 세계적인 농업
국이 되었다. 종교 분포는 카톨릭 40.4%, 네덜란드 신교
23.5%, 칼빈파 7.2%이며, 왕실은 네덜란드 신교에 속해
있다. 그리고 알프스 인종(땅딸막한 체구로 검은 털과 갈색
눈을 가짐)과 북유럽 인종(후리후리한 키와 좁은 두개골과 파
란 눈을 가짐)으로 형성되어 있다.

공항 안에는 많은 젊은이들이 배낭을 메고 출국을 기
다리고 있었다. 특히 젊은 남녀들이 어울려 포옹하는 모
습이 여기 저기서 보였다. 옆에 있는 두 남녀는 서로 몇
마디 대화를 마치고 나서는 어김없이 서로 입을 맞추었

다. 이 모습을 보고 있던 나이 많은 권사님 한 분은 "저 지랄하는 것 좀 보소!"라고 말해 우리 일행은 서로 눈짓을 하며 웃음을 참을 수밖에 없었다.

이스라엘에 입국하기 위해서는 절차가 까다로웠다. 특히 아랍인들의 테러 때문인지 짐 검사를 철저하게 했다. 한국어로 된 질문지를 가지고 와서 '예', '아니오'를 개개인에게 모두 질문 했다. 그러다가 이상한 대답이 나오면 짐 모두를 철저하게 검사할 뿐 아니라 온몸을 엑스레이 투시기로 샅샅이 뒤진다고 한다. 검사관들이 한 사람의 예외도 인정하지 않고 검사하는 모습을 보며 그들이 얼마나 조국을 사랑하고 있는가를 느낄 수 있었다.

검사가 끝나자 모든 일행은 안도의 한숨을 쉬고 비행기에 몸을 실었다. 이 세상에 태어나 처음 타보는 이스라엘 항공이다. 하나님께서 특별히 선택한 민족인 유대인들을 처음 대할 수 있는 곳이기에 더욱 호기심을 가지고 기내로 들어섰다. 기내에서는 종교심이 강한 유대인들만이 쓰는 조그만 모자를 쓴 사람들을 여러명 찾아볼 수 있었다.

비행기를 타자마자 일행 모두는 피곤하여 깊은 잠속으로 빠져들었다. 비행기가 이스라엘의 벤구리온 공항에 도착한 시간은 현지 시간 새벽 5시였다. 피곤한 몸을 이끌고 공항을 빠져 나오니 관광을 안내할 가이드와 비디오 촬영기사 그리고 유대인 운전기사가 기다리고 있었다. 그리고 더욱 감사한 것은 하나님의 자녀가 가는 곳이면 어디든지 주님께서 기다리고 계시니 이 얼마나 좋은가! 인생의 영원한 안내자인 주님께서 이번 여행도 친히 인도하실 것이니 분명 멋있는 여행이 될 것임에 틀림이 없다.

3 ● 망각 증세

텔아비브의 벤구리온 공항을 출발한 버스는 예루살렘을 향해 달렸다. 잠시 텔아비브에 대해 생각해 보자. 텔아비브는 1948년부터 1950년까지의 수도로 욥바와 합병되어 있다. 지중해 연안에 위치한 이스라엘 최대의 도시로 현대식 건물이 즐비하게 서 있는데 시의 북부와 남부에는 공업지대가 자리잡고 있고, 인구는 100만 명에 달한다고 한다.

특히 텔아비브에 자리잡은 국제 공항은 벤구리온 공항으로 이스라엘 초대 수상의 이름을 따서 붙여졌다. 이처럼 유명한 인물의 이름을 따서 지명을 붙인 경우를 간혹 볼 수 있다. 미국의 워싱턴 등이 그 예에 해당될 것이다. 유명한 인물의 이름을 지명으로 사용하는 것이 상대방의 공로를 쉽게 인정하는 넓은 마음에서부터 시작된 것이라면 얼마나 좋겠는가! 그러나 인류의 역사를 보면 그렇지 못한 경우가 대부분이 아닌가? 미움과 시기 그리고 질투와 모함 ….

예루살렘을 향해 달리는 차안에서 가이드를 맡은 이 목사님은 도로 좌우편에 위치한 여러 유적에 대해 설명을 하기 시작했다. 예수님의 고향인 예루살렘을 향해 달려가고 있는 일행은 피곤함도 잊은 채 주위에 나타나는 이국적인 정취에 빠져들고 있다.

왼쪽으로 오렌지 밭이 보인다. 모래밭 위에 만든 과수원들은 그들의 피와 땀의 결정체이다. 다시 좌편으로 해바라기 농장이 눈에 들어온다. 여호수아가 아모리 사람과 싸울 때 해와 달을 머물게 하고 싸움에서 승리한(수 10:12-14) 기브온이 좌편이라고 이 목사님의 설명이 방금 스피커를 통해 나왔다. 15분 정도 가다 보니 엠마오로 가던 두 제자가 예수님을 만난 곳에 세웠다는 하얀색의 기념 교회가 눈에 들어 왔다. 예루살렘에서 6마일 거리에 있는 엠마오는 예수님께서 부활하셔서 엠마오로 가던 두 제자에게 나타나 말씀하신 곳이다(눅 24:13).

만약 우리의 마음이 들떠서 여행 중에 예수님께서 함께 계심을 잊어버린다면 엠마오로 가던 두 제자와 무엇이 다르겠는가! 이번 여행을 어떤 자세로 해야할 것인가를 가르쳐 주듯이 엠마오 교회를 가장 먼저 본 것은 참으로 의미있는 일이 아닌가 한다.

망각하기 잘하는 인간에게 실제적인 사건을 통해 자신의 뜻을 나타내셨던 하나님께서는 이 여행 속에서 주님에 대한 사랑을 가득 품어 주님을 잊고 자신의 기분대로 살아가는 망각 증세의 완전 치료를 원하실 것이다. 망각 증세로 하나님의 징벌을 받았던 이스라엘 사람들은 다시는 망각의 병에 들지 말자고 결의라도 한 듯 차창 밖으로 6일 전쟁의 상처인 부숴진 전차와 대포가 그대로 방치되어 군데 군데 눈에 띈다.

1967년 '6일 전쟁' 때 부서진 탱크. 이스라엘은 이를 전쟁기념물로 보존하고 있다.

4 • 시오니즘

예루살렘으로 향하는 주위에는 그다지 높지 않은 산들이 많이 있었다. 그러나 대부분의 산은 많은 나무들로 꽉 차 있었다. 간혹 나무를 심은지 얼마 되지 않은 산들도 보였다. 지금 지나고 있는 지역은 본래 나무가 없는 모래 땅이었으나 모든 유대인들이 노력한 결과 산이 푸르게 되었다고 한다. 지금도 고국을 방문하는 유대인들까지 6불씩 내고 나무를 심는 일에 동참한다고 한다. 나무가 뿌리를 내리기까지는 3년 이상이 걸리는데 그 기간까지 꾸준하게 물을 준다고 하니 참으로 감탄하지 않을 수 없다.

유대인들은 잃었던 나라를 세우기 위해 얼마나 노력을 했는지 모른다. 그 중에 구체적인 운동이 바로 '시오니즘' 운동이다. 시오니즘은 민족주의 운동으로 유대인들이 팔레스타인에 유대인의 민족 국가를 건설하는 것을 목표로 한 운동으로 제1차 세계대전이 발생하자 더욱 구체화되었다. 결과 1917년 11월 12일 영국으로부터 팔레스타인 내에 유대 국가 건설의 지지를 약속하는 '벨푸어 선언'을 받게 되고 이후 유대인들은 팔레스타인 내에 유대인 정착촌을 건설하고 그들의 문화 계승과 함께 히브리 교육을 강화하였다. 계속된 아랍의 반대에도 불구하고 1948년 5월 14일 정식으로 이스라엘이 독립국가로 이 세상에 존재하게 되었다. 그후에도 세계에 흩어진 유대인들은 이스라엘에 대해 재정적인 지원을 계속하였고 많은 유대인이 팔레스타인으로 이주하여 오늘날의 이스라엘을 이룩하였다.

오늘날의 이스라엘을 만든 또 다른 요인이라고 할 수 있는 것 중의 하나는 공동체 의식을 들 수 있다. 하나의 민족으로 공동체 의식이 없는 나라는 없을 것이다. 그러나 유대인들은 유별나게 강한 공동체 의식을 가지고 있다. 이런 점은 집단 농장인 '키브츠'에서 찾아볼 수 있다. 키브츠는 농업 뿐 아니라 식품 가공과 경공업에 이르기까지 여러 제품을 생산해 내는 자치 조직에 기초를 둔 생활 공동체로, 1909년에 최초로 생겨 현재 250여 개에 이르는 키브츠가 있고, 그 구성원의 숫자도 10만 여명에 이른다고 한다. 키브츠에 소속된 구성원들은 사유 재산을 가지지 않는다고 하니 이는 공동체 의식이 없이는 도무지 불가능한 일일 것이다.

우리 주님께서 그의 백성에게 가장 요구하고 계신 것이 바로 지체의식이다. 그런데 오늘날의 교회들은 왜 그렇게 많이 갈라지고 서로 싸우는지 참으로 안타깝다. 교

회 내에서도 자신의 마음에 맞지 않는 사람이 있으면 이
해하고 사랑하지 못하고 다른 교회로 옮기는 것을 떡 먹
듯이 하는 교인들을 보시며 주님은 무엇이라고 하실까?

　버스가 일행이 묵을 게이트 호텔 입구를 들어서고 있
다. 단 하루 동안의 손님도 웃으면서 가족처럼 대하는 호
텔 직원도 있는데, 하물며 천국에서 영원히 함께 살 하나
님의 자녀들이 공동체 의식을 가지는 것은 너무나 당연한
일이 아닐까!

갈릴리 호수 남쪽 지역에 있는 드가냐 키브츠

5 • 예루살렘 시내

호텔에 도착하니 "예루살렘에 오심을 환영합니다."라
는 현수막이 붙어 있었다. 아침 식사는 호텔에서 준비된
뷔페식으로 했다. 농업 선진국답게 맛있게 보이는 과일들
과 야채가 많았다. 아침 식사를 마친 후 첫 번째 순례지를
향해 다시 버스에 몸을 실었다. 버스는 예루살렘 시내를
가로질러 감람산을 향해 달리고 있다. 거리에는 고층 아
파트를 찾아볼 수 없고, 다세대 형태의 건물들이 늘어서
있다.

지금 우리는 '하세딤'들이 살고 있는 '메아 쉐아림'이
라는 거리를 지나고 있다. 도로에는 검은 양복에 검은 모
자를 쓰고 다니는 사람들이 눈에 띄었다. 그들은 철저하
게 신앙적인 생활을 하는 정통파 유대인들로 구약 성경만
을 고집하는 자들이다. 그들의 복장은 중세 시대의 폴란
드 복장으로 '카프탄'이라는 검은 외투에 '스트라이멜'이
라고 부르는 검고 둥근 모자를 쓰고 다니며, 남자들은 '페
오트'라고 부르는 옆머리와 턱수염을 길게 늘어뜨리고 다

닌다. 이들과 결혼한 여자 중에는 삭발을 한 경우가 많은데 이는 여성의 미를 드러내는 머리카락을 잘라 버림으로 남성들의 음욕을 막기 위함이라고 한다. 이들은 대부분 러시아와 폴란드에서 이주해 온 자들로서 산아 제한을 하지 않기 때문에 보통 12명 정도의 자녀를 두고 있다고 한다. 또한 그들은 히브리어는 거룩한 언어이므로 사용하지 않고 히브리어와 독일어의 혼합어인 '이디쉬'를 사용하고 있다. '메아 쉐아림'은 창세기 26장 12절에 나오는 '백배'라는 뜻이다.

메아 쉐아림 지역을 지나니 조금 후에 히브리 대학이 눈에 들어 왔다. 히브리 대학에는 2만 여명의 학생이 있는데 우리 나라에서 유학 온 분들도 몇 분이 있다고 한다. 가이드를 맡은 이 목사님은 우리의 출발이 참 좋은 것 같다고 했다. 평상시의 지금(오전 8시 30분) 정도면 교통 체증이 심한데 오늘은 모든 공무원들이 파업으로 교통이 수월하다는 것이다. 예루살렘은 해발 800m에 위치한 도시로 인구는 거의 50만 명에 달한다고 한다. 옛 모습을 그대로 간직하고 있는 구시가지에는 수많은 유적들이 남아서 많은 관광객들을 유치하고 있다고 한다. 버스가 정차하고 일행들이 내리자 기다리고 있던 잡상인, 어린이들이 물건을 가지고 호객 행위를 시작한다. 언제 한국어를 배웠는지 "감사합니다"를 연발하며 물건을 보여 준다. 팔려고 하는 의지가 대단하다. 그 나이면 부모에게 장난감을 사달라고 졸라댈 시기일 텐데 말이다.

예루살렘 시내를 등지고

6 · 감람산

산은 사람에게 큰 도움을 준다. 특히 삶에 회의를 느낀 사람이나 복잡한 세상을 피하고 싶을 때 찾는 곳이 산이다. 그리고 신앙의 선배들은 산을 찾아 하나님께 기도하며 자신을 돌아보는 시간으로 삼기도 했다. 예수님도 자주 산을 찾으셨다. 그곳이 바로 감람산이다.

감람산의 겟세마네 동산에 있는 고목 감람나무

예루살렘 성을 마주보고 있는 감람산은 예루살렘보다 90m 정도 높은 산에 불과하지만 성경에는 여러 가지 사건이 기록되어 있다. 먼저 예수님과 감람산과의 관계를 살펴보면, 예수님께서 십자가에 못 박히시기 전에 예루살렘으로 입성하실 때 벳바게와 베다니를 거쳐 감람산을 통해 예루살렘으로 들어가셨다(눅 19:29). 예수님은 예루살렘에 입성하셔서 낮에는 성전에서 가르치시고 밤에는 감람산에서 쉬셨으며(눅 21:37), 이곳에서 재림의 표적에 대하여 설교하셨고(마 24:3), 성만찬 후에 감람산으로 가셔서 기도하신 곳이기도 하다(마 26:30-36). 특히 이곳은 감람나무가 있는 산으로(느 8:15) 직접 가보니 감람나무가 많이 있었다.

　　구약 성경에서도 감람산과 관련된 사건들을 기록하고 있다. 다윗이 아들 압살롬의 반란으로 맨발로 기드론 골짜기를 건너 울면서 피신한 곳이 바로 감람산이다.

"다윗이 감람산 길로 올라갈 때에 머리를 가리우고 맨발로 울며 행하고 저와 함께 가는 백성들도 각각 그 머리를 가리우고 울며 올라가니라"(삼하 15:30).

　　다윗의 아들 솔로몬이 후궁들의 유혹을 받아 산당을 세웠던 곳으로 열왕기하 23장 13절에는 '멸망산'으로 불리기도 했다.

　　감람산에 오르니 예루살렘 성의 전경이 한눈에 들어온다. 이곳은 예루살렘을 보며 감람산에서 기도하시던 예수님이 감람산 서쪽 기슭에서 가룟유다의 배신으로 체포 당한 곳이기도 하다. 이 산을 자주 찾은 예수님은 이 감람산을 누구보다 사랑하셨을 것이다. 그래서 예수님은 이곳에서 눈물을 흘리기도 하셨고, 부활 후 승천도 바로 이곳에서 하신 것이 아니겠는가!

오늘날에도 산을 좋아하는 사람은 선하다고 하는데, 이는 산이 창조주 하나님의 질서를 어김없이 지키며 하나님의 뜻을 전달해 주는 장소이기 때문이 아닐까 ….

7 · 승천 교회

일행은 예수님께서 승천하신 것을 기념하여 세운 승천 교회로 들어서고 있다. 간밤에 비행기 안에서 잠을 잤으나 피로한 기색은 찾아볼 수 없다.

승천 교회는 8각 돔형의 작은 교회로 예수님께서 이 세상에서 마지막으로 밟으셨다는 바위가 있고 그 바위에는 사람의 발자국 모습이 새겨져 있다. 주후 380년 경에 처음 세워졌으나 전쟁으로 파괴와 재건을 반복하다가 십자군 때에 현재의 교회를 세웠다고 한다. 일행은 예수님의 승천을 생각하며 찬송 159장을 힘차게 불렀다.

"할렐루야 우리 예수 부활 승천하셨네 세상 사람 찬양하니 천사 화답하도다 구주 예수 부활하사 사망 권세 이겼네 구주 예수 부활하사 사망 권세 이겼네"

찬송 후에 이 목사님의 성경 봉독 그리고 기도의 순으로 예배를 드렸다. 예수님의 승천은 재림을 예고한 중요한 사건이다. 예수님의 승천이 없었다면 우리는 재림에 대한 소망을 가지지 못하였을 것이다. 성경 여러 군데에서 예수님의 승천에 대해 기록하고 있다. 특히 예수님께서 승천하신 곳이 감람산임을 밝히고 있다.

"이 말씀을 마치시고 저희 보는 데서 올리워 가시니 구름이 저를 가리워 보이지 않게 하더라 … 제자들이 감람원이라 하는 산으로부터 예루살렘에 돌아오니 이 산은 예루살렘에서 가까와 안식일에 가기 알맞은 길이라"(행 1:9, 12).

예수님의 승천이 우리에게 소망을 안겨 주었고, 재림의 소망 또한 가져다주었기에 주님의 승천은 성도들의 내일을 보여주는 분명하고 희망 찬 대사건이다. 예수님은 세상에 계시면서 자신의 승천에 대해 여러 방면으로 말씀하셨다. "내가 너희를 위하여 처소를 예비하러 가노니"라고 하신 요한복음 14장 2절은 주님의 승천이 모든 사역의 마지막이 아니라 하나님 나라에서의 새로운 사역(처소 준비)을 위한 길이었음을 보여준다.

승천하신 예수님은 지금도 하나님 우편에서 우리를 위해 간구하고 계신다(히 1:3). 주님은 오직 나를 위해 존재하고 계시는 것처럼 느껴진다. 그리고 그것은 사실이다. 지금 승천 교회를 바라보고 있는 이 시간에도 주님은 우리를 위해 기도하고 계실 것이다.

"우리에게 큰 대제사장이 있으니 승천하신 자 곧 하나님 아들 예수시라"(히 4:14).

예수 승천 기념 건물

8 ● 주기도문 교회

콘스탄틴 대제는 기독교를 공인한 황제로 유명하다. 원래 태양신을 숭배하던 그는 313년 '밀라노 칙령'을 공포하여 기독교를 인정하므로 그 당시까지 전국적으로 행해지고 있던 기독교의 박해를 중지시켰다. 그는 기독교를 공인한 후 여러 곳에 큰 교회를 세웠다. 특별히 예수님께서 제자들을 가르쳤다는 감람산 동굴 위에 넓

주기도문 교회 벽면은 80여 개 언어로 기록된 주기도문으로 장식되어 있다.

이 30m, 길이 65m의 교회를 건설했다. 그러나 이 교회 역시 서기 614년 페르시아인에 의해 파괴되고 12세기 경에 십자군에 의해 재건되었으나 후에 이슬람 교도들에 의해 다시 파괴되고 만다.

현재의 교회는 1875년 프랑스 왕족과 결혼한 한 여인의 노력으로 다시 세워졌는데 오늘날에는 카톨릭 교회의

갈멜 수녀원에서 관리하고 있다. 교회의 이름은 주기도문이 시작되는 라틴말 'Pater Noster'를 따서 지었는데 그 뜻은 '우리 아버지'라는 뜻이며 우리 말로는 '주기도문 교회'라고 부른다.

교회 안으로 들어서니 여러 나라의 말로 된 주기도문이 기록되어 있다. 특히 한글로 된 주기도문을 보는 순간 마음속 깊은 곳에서부터 생겨나는 뿌듯함을 느꼈다. 예수님께서 기도의 장소로 자주 찾으셨던 감람산에 주기도문 교회를 세웠다는 것은 큰 의미가 있다고 여겨졌다. 성경에는 예수님께서 주기도문을 감람산에서 가르쳤다는 구체적인 기록은 없다. 그러나 더 중요한 것은 주기도문 교회를 찾은 우리의 자세일 것이다. 주님의 삶의 기초는 기도였다. 기도를 통해서 하나님께 나아갔던 예수님. 그러나 오늘날 수많은 사람들은 기도를 욕심을 채우기 위해 요구하는 도구로 전락시키고 있다. 기도가 단지 일시적인 이용물로 전락해 버린 것은 아닌지 생각해 보아야 할 것이다.

예수님의 기도의 내용을 살펴보면 다음과 같다.

첫 번째, 하나님을 높이셨다(마 11:25-27).

두 번째, 하나님의 자녀들을 위한 중보기도를 하셨다(요 17장).

세 번째, 감사의 기도를 드렸다(요 11:41).

네 번째, 새벽(막 1:35), 저녁(막 6:46-47) 그리고 밤새

도록 기도하셨다(눅 6:12).

　기도의 삶을 사셨던 주님은 제자들에게 하나님께서 우
리에게 원하시는 기도의 내용을 세밀하게 주기도문을 통
해 가르쳐 주신 것이다. 그렇다면 주기도문이야말로 제자
들에게 주신 최고의 유산이 아닐까?(마 6:9-12)

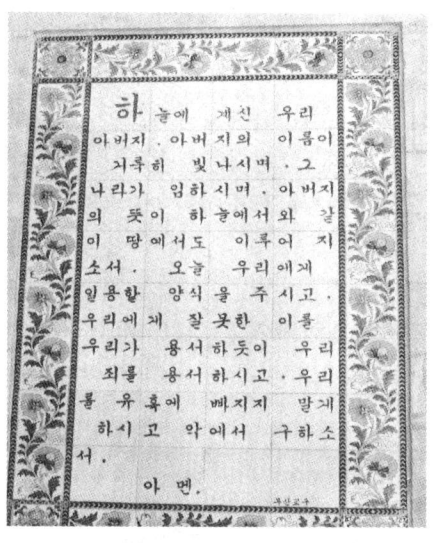

주기도문 교회에 있는 한글 주기도문

9 • 눈물 교회

주기도문 교회를 나와 아래쪽으로 조금 내려오니 또 하나의 교회가 눈에 들어온다. 눈물 교회이다. 눈물 교회는 이탈리아의 건축가 안토니오 바를루치가 설계하여 1955년에 완공한 교회이다. 눈물 교회의 지붕 네 귀퉁이에 항아리가 있었다. 이는 예수님의 눈물을 상징한다고 한다. 이 사실은 누가복음 19장 41-44절에 기록되어 있다.

"가까이 오사 성을 보시고 우시며 가라사대 너도 오늘날 평화에 관한 일을 알 았더면 좋을 뻔하였거니와 지금 네 눈에 숨기웠도다 날이 이를지라 네 원수들이 토성을 쌓고 너를 둘러 사면으로 가두고 또 너와 및 그 가운데 있는 네 자식들을 땅에 메어치며 돌 하나도 돌 위에 남기지 아니하리니 이는 권고 받는 날을 네가 알지 못함을 인함이니라."

예수님은 예루살렘을 보시면서 민족의 앞날을 애통해 하며 눈물을 흘리셨다. 감람산을 내려오시던 예수님은 예 루살렘이 잘 보이는 지점에서 성이 가까이 보이자 울음을 터뜨리셨다. 예수님은 소리를 내어 통곡하신 것이다. 예루살렘의 멸망을 바라보신 예수님은 안타까운 감정을 억제할 수 없으셨던 것이다. 예수님의 이 예언은 주후 70년에 그대로 이루어졌다. 로마 장군 디도티투스는 예루살렘 주위에 3일만에 토성을 쌓고 유월절을 지키기 위해 훨씬 많은 사람들이 모여 있던 예루살렘을 공격하여 1백만 명이 넘는 유대인이 대부분 기근으로 죽고 말았다. 이 당시 디도 장군의 군대는 아이들을 메어치며 죽이고 사람들을 무자비하게 학살했다. 미래를 알지 못하면서도 진리를 거부하던 유대인을 향한 예수님의 마음과 예수님의 눈물의 의미를 생각해 볼 수 있다.

구원의 길을 모르고 무지하게 살고 있는 이스라엘을 향한 예수님의 통곡은 문명과 물질의 노예가 된 현대인들에게도 해당되는 울음일 것이라고 생각해 본다. 이 땅에 오신 예수님은 세 번 우셨다. 나사로의 죽음을 애통해하며 우셨고(요 11:35), 십자가에 돌아가시기 전에 겟세마네 동산에서 눈물을 흘리셨다(히 5:7). 또한 예루살렘을 보시며 우셨다. 자신의 영혼을 보며 안타까워하고 울지 못하는 것은 비극이다. 자신의 영혼의 상태를 보며 울 수 있는 자가 희망이 있다면 어쩌면 오늘날 많은 사람들이 의미 없는 눈물만을 흘리고 있는 것은 아닌지 생각해 보아야 하겠다.

"애통하는 자는 복이 있나니 저희가 위로를 받을 것임이요"(마 5:4).

10 • 겟세마네 동산

예루살렘 근처의 동산인 겟세마네 동산은 예수님과 제자들에게 중요한 의미를 주는 곳이다. 겟세마네 동산은 예수님께서 십자가에 달리시기 전에 피땀을 흘리시며 기도하시던 장소로 기드론 골짜기 동쪽 건너편의 동산이다.

"아버지여 만일 아버지의 뜻이어든 이 잔을 내게서 옮기시옵소서 그러나 내 원대로 마옵시고 아버지의 원대로 되기를 원하나이다 하시니 사자가 하늘로부터 예수께 나타나 힘을 돕더라 예수께서 힘쓰고 애써 더욱 간절히 기도하시니 땀이 땅에 떨어지는 피방울같이 되더라"(눅 22:42-44).

예수님은 이곳에서 열두 제자 중 하나인 가룟유다가 자신을 팔기 위해 입을 맞추려 할 때 "유다야 네가 입맞춤으로 인자를 파느냐"(눅 22:48)라고 말씀하신 곳이기도 하다.

예수님께서 기도하시던 장소에는 겟세마네 교회가 서 있다. 이 교회는 여러 나라 교회의 헌금으로 세워졌다고 하여 만국 교회라고 부르기도 한다. 이 교회 역시 눈물 교회를 설계한 이탈리아의 건축가 안토니오 바를루치에 의해 1924년에 건축되었다. 기원 후 300년 경에 같은 위치에 교회가 세워졌으나 이슬람 교도들에 의해 파괴되고 십자군 때에 재건되었으나 다시 파괴되었다.

겟세마네 교회는 90평에 이르는 큰 건물로 예배당 앞부분에 넓은 바위가 있는데 그곳이 바로 예수님께서 기도하셨던 바위라고 한다. 그리고 모자이크 벽화로 아름답게 장식되어 있다. 성화 속에서 예수님과 로마 군병 그리고 가룟유다의 모습을 확연하게 구별할 수 있다. 앞에서는 붉은 가운을 입은 신부가 강론을 하고 있고, 그 주위에서 사람들이 강론을 듣고 있었다. 만국 교회를 관리하고 있는 카톨릭의 프랜시스컨 신부회 소속 신부일 것이다.

겟세마네 동산에는 오래된 여덟 그루의 감람나무가 서 있다. 이 나무가 예수님 당시의 나무일 것이라고 추정하고 있으나 역사가 요세푸스는 기원 후 70년경에 이 지역의 모든 감람나무는 베어졌다고 주장하고 있다. 어쨌든 이 나무들이 아직도 열매를 맺고 있다는 사실이 신기하기만 하다. 오래된 고목 앞에서 사진을 찍고 있는 모든 사람들이 수천 년 동안 비바람을 맞고도 열매 맺는 감람나무를 스승으로 모신다면 예수님께서 원하시는 인생의 열매를 맺을 수 있지 않을까?

겟세마네 교회 내부. 가시면류관 모양의 철책으로 둘러진 바위
가 예수님께서 엎드려 기도한 곳으로 전해진다.

11 ● 기드론 골짜기

최후의 만찬 현장인 다락방

예루살렘 성과 감람산을 가르는 골짜기가 바로 기드론 골짜기이다. 예수님께서도 예루살렘 성으로 들어가시기 위해 감람산으로부터 기드론 계곡을 많이 지나가셨을 것이다. 특히 최후의 만찬을 마치신 예수님과 제자들은 이 골짜기를 통해 겟세마네 동산으로 가셨다. 그리고 베다니에 사는 나사로의 집으로 가실 때도 이 골짜기를 건너셨다. 이곳은 스불론 지파의 성읍이었던 갓달과 동일한 지역인 듯하다(삿 1:30). 그리고 이곳을 '기드론 시내' 라고 성경은 표현하고 있다.

"예수께서 이 말씀을 하시고 제자들과 함께 기드론 시내 저편으로 나가시니 거기 동산이 있는데 제자들과 함께 들어가시다"(요 18:1).

특히 이 기드론 골짜기는 서글픈 사연을 가진 곳이기도 하다. 다윗은 아들 압살롬의 반란을 피해 비통한 마음으로 기드론 시내를 건넜다. 사무엘하 15장 23절에서 이 사실을 살펴볼 수 있다. "온 땅 사람이 대성 통곡하며 모든 인민이 앞서 건너가매 왕도 기드론 시내를 건너가니 건너간 모든 백성이 광야 길로 향하니라." 그리고 기드론 시내를 건너 피난 가던 다윗 왕을 향해 "피를 흘린 자여 비루한 자여 가거라 가거라"(삼하 16:7)라고 저주하며 돌을 던지던 시므이가 이후 기드론 골짜기를 건너가면 죽임을 당할 것이라는 솔로몬의 명령을 어기고, 도망간 두 종을 데려오려다 기드론 골짜기를 건너 사형을 당하기도 했다(왕상 2:35-46). 그리고 기드론 골짜기는 우상을 소각시키고 내어버린 곳이기도 하다(왕상 15:13; 왕하 23:4).

기드론 골짜기에서 감람산에 이르는 지역에는 공동묘지가 있는데 부활을 위한 최후의 심판이 이곳에서 일어날 것이라고 해서 많은 사람들이 이곳에 묻히기를 원한다고 한다. 특히 이곳 유대인들의 무덤에는 스가랴의 무덤과 압살롬의 무덤 등이 있다고 한다. 이 목사님은 여러 군데의 공동 묘지를 가리키며 죽어서까지 함께 있기 싫어서 유대인과 이슬람교도의 무덤은 각각 따로 있다는 설명도 해주셨다.

지금 일행은 유서 깊은 기드론 골짜기를 가로질러 통곡의 벽으로 향하고 있다. 다윗이 맨발로 건너간 기드론 골짜기, 예수님께서 제자들과 함께 다니신 그 길을 우리는 지금 편안하게 잘 포장된 길을 버스를 타고 달리며 지난 시간이 주는 교훈을 되돌아보고 있는 것이다.

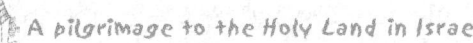

12 • 예루살렘 성

예루살렘 성처럼 외적의 침입을 많이 받은 곳도 드물 것이다. 기록에 의하면 20여 차례의 침입을 받았다고 한다. 큰 사건을 요약해 보면 다음과 같다.

BC 586년 바벨론의 느부갓네살에 의해 파괴되었다.

BC 332년 알렉산더 대왕이 원정 도중 예루살렘에 들어왔다.

BC 63년 폼베이우스가 거느린 로마군이 성벽을 파괴하고 도시를 점령했다.

AD 70-71년 로마 황제 베스파시아누스의 아들 티투스에 의해 함락 당했다.

AD 135년 유대인의 거듭된 반란으로 성전이 파괴되었다.

AD 614년 사산조 페르샤의 호스로 2세에 의해 예루살렘은 함락되고 많은 교회는 불에 탔다.

AD 638년 이슬람 교도들에 의해 함락되었다.

AD 1099년 제1차 십자군이 예루살렘을 탈환했다.

AD 1187년 이집트에 아이유브 왕조를 건설한 살라딘
이 재탈환했다.

　　AD 1229년 신성로마 황제 프리드리히 2세가 회복했
다.

　　AD 1516년 오스만 터어키 제국의 셀림 1세에 의해
정복되고 슐레이만 대제가 성벽을 축조했다.

　　제1차 세계 대전 말기에 영국의 앨런비 장군이 터어
키군을 격파하고 점령했다.

예루살렘의 성전 모형

이처럼 예루살렘 성의 역사는 바로 전쟁의 역사이다. 현재의 예루살렘 성벽은 오스만 터어키의 슐레이만 대제가 쌓은 것으로 4Km에 이른다고 한다. 예수님 당시와는 많은 차이가 있는데, 그 당시 성벽은 성전을 북쪽 경계로 해 오늘날의 성벽이 다소 북편에 위치하고 있다고 한다. 성의 크기는 1㎢로 약 30만 평에 이른다고 한다.

성경에 나타난 예루살렘의 역사를 살펴보면 원래 명칭은 '살렘'이었다(창 14:18). 그리고 여부스 사람들이 이곳에 살았으며(수 15:8) 여호수아가 예루살렘 왕을 죽인 후 베냐민 지파에게 분배하였다. 그러나 베냐민 지파는 여부스 사람들을 다 쫓아내지 못해 함께 살았다고 사사기 1장 21절에 기록되어 있다.

예루살렘은 모든 사람이 살고 싶어하는 곳이다. 그래서 수많은 전쟁으로 얼룩졌는지도 모른다. 좋은 것을 가지고 싶어하는 인간의 욕심이 이렇게 거룩한 도성 예루살렘을 괴롭혀 왔던 것이다.

진리의 성읍(슥 8:3)이며 거룩한 성인(마 4:5) 예루살렘을 보며 우셨던 주님은 오늘 어떤 마음으로 바라보고 계실까?

13 ● 예루살렘 성문(1)

예루살렘으로 들어가기 위한 성문은 여덟 개가 있다. 그 성에 대해 살펴보면 다음과 같다.

① 황금 문

성문 중에 가장 아름다운 황금 문은 예수님께서 새끼 나귀를 타고 예루살렘으로 입성하실 때 들어가신 문이다. 이 문은 아름다워서 '미문'이라고 부르기도 한다. 그리고 이 문은 제사장들이 성전으로 들어갈 때 출입하는 문이었다고 한다. 특히 성전 동편에 위치한 이 문은 베드로와 요한이 성전에 기도하러 들어가던 문으로 앉은뱅이를 고친 곳이기도 하다.

"나면서 앉은뱅이 된 자를 사람들이 메고 오니 이는 성전에 들어가는 사람들에게 구걸하기 위하여 날마다 미문이라는 성전 문에 두는 자라"(행 3:2).

어떻게 보면 성전을 향해 기도하러 가고 제사를 드리기 위해 가는 아름다운 발걸음들이기에 미문이라는 이름이 더욱 어울리는 것인지도 모르겠다. 이 문은 1530년 오

스만 터어키에 의해 막아진 후 아직까지 굳게 닫혀 있다
고 한다.

황금 문(Golden Gate)

② 스데반 문

이름을 스데반 문이라고 한 이유는 스데반이 이 문 근처에서 순교 당했기 때문이다. 그리고 이 문에 네 마리의 사자가 조각되어 있으므로 '사자 문'이라고도 하며, 기드론 계곡에 있는 성모 마리아의 묘를 향하고 있어 '성모의 문'이라고도 불린다.

기독교인들은 종려주일이 되면 이 문을 통해 예루살렘으로 입성하는 행사를 매년 한 번씩 행한다고 한다. 그리고 이곳은 양떼들이 다니던 '양 문'이 있었던 곳으로 추정하고 있다. 성경에서는 양 문에 대해 예루살렘 북쪽에 있는 문으로 베냐민의 문과 동일한데, 느헤미야의 성벽 수축 때 엘리아십 대제사장에 의해 만들어 졌다고 기록하고 있다(느 3:1). 예루살렘의 양 문 곁에 히브리말로 '베데스다'라 하는 못이 있고 거기서 38년 된 병자가 나은 사실을 요한복음 5장 2절에서 찾아볼 수 있다. 스데반 문을 통과하면 기적의 못인 베데스다 연못이 나오는 것으로 봐서 옛날 양 문이 있던 위치에 새롭게 성을 개축하면서 스데반 문을 세운 것이 아닌가 하는 생각이 든다.

14 • 예루살렘 성문(2)

예수님은 이런 말씀을 하셨다.

"내가 진실로 진실로 너희에게 말하노니 나는 양의 문이라 나보다 먼저 온 자는 다 절도요 강도니 양들이 듣지 아니하였느니라 내가 문이니 누구든지 나로 말미암아 들어가면 구원을 얻고 또는 들어가며 나오며 꼴을 얻으리라"(요 10:7-9).

반드시 예수님을 통해서만 구원 얻을 수 있다고 하신 말씀이다. 양의 문이 되신 예수님을 통하지 않고는 결단코 구원을 얻을 수 없을 뿐 아니라 양의 즐거움인 양식까지 얻을 수 없다고 하신 것이다.

예루살렘 성문을 아무 생각없이 지나는 자들이 있다면 잠시 주님의 말씀에 귀를 기울이는 것이 좋을 것이다. 예루살렘 성으로 들어가는 문은 여덟 개가 있지만 구원의 방주 속으로 들어가는 문은 오직 하나 밖에 없다. 그런데 여덟 개의 문을 통해 예루살렘 성 안으로 들어가면 기독교와 유대교, 이슬람교의 성지가 한 곳에 자리잡고 있으니 참으로 기막힌 일이 아닐 수 없다.

다시 예루살렘 성문에 대해 생각해 보자.

③ 다메섹 문

성의 북쪽 중앙에 위치한 문으로 1537년 오스만 터어키에 의해 세워졌다. 사람들의 통행이 가장 많고 다메섹을 향하고 있으므로 다메섹 문이라고 불린다.

④ 본 문

쓰레기를 버리던 문으로 유대인들이 사는 곳에서 가장 가까운 문이며 '분뇨문'이라고 하기도 한다.

⑤ 시온 문

예루살렘 성 남쪽 편에 있는 문으로 시온산 부근에 있다 하여 시온 문이라 불리우는 문이다.

⑥ 새 문

기독교인이 사는 지역으로 통하는 문으로 1889년부터 통행하기 시작한 문이다.

⑦ 헤롯 문

다메섹 문 오른편에 위치한 문으로 모슬렘 사람들이 많이 이용하는 문이다.

⑧ 욥바 문

성의 서쪽에 있는 문으로 이 문을 따라 가면 욥바로 갈수 있기 때문에 욥바 문이라고 부른다.

15 · 통곡의 벽

헤롯이 주전 20년에 건축한 성벽으로 유일하게 남아 있는 제 2 성전 벽의 서쪽 부분이 통곡의 벽이다. 주후 70년 로마 장군 디도티투스는 예루살렘 성을 공격하여 거의 대부분을 파괴시켰으나 유일하게 이 벽만을 남겨 두 었는데 이는 성전을 파괴시킬 수 있었던 로마 군인들의 위대함을 후세 사람들에게 보여 주기 위함이었다고 한다.

비잔틴 시대에는 유대인들에게 일년에 단 한 번 성전 이 파괴된 날에만 방문할 수 있도록 허용하였는데, 유대 인들은 이곳에 와서 성전이 파괴된 것과 민족의 운명을 생각하며 통곡하였다고 해서 통곡의 벽이라고 부르게 되 었다고 한다. 그러나 1948년부터 1967년까지 요르단이 이 지역을 통치하게 되자 유대인의 방문을 금지시켰다. 그러다가 1967년 6월에 일어난 6일 전쟁으로 이 지역을 다시 점령하자 종교의식을 행하는 즐거움의 장소가 되었 다.

통곡의 벽은 높이가 18m, 폭이 60m에 이르는데, 왼

쪽은 남자들이 오른쪽은 여자들만이 들어갈 수 있다. 그
런 이유 때문에 우리 일행도 남녀로 나뉘어 통곡의 벽으
로 향했다. 통곡의 벽으로 가까이 가니 군인들이 막 일렬
로 서서 나오고 있었다. 아마 그들이 선서식을 마치고 나
오는 것이 아닌가 하는 생각을 하며, 통곡의 벽으로 들어
가려고 하니 입구에 있던 안내자가 머리를 가리켰다. 그
곳에 들어가기 위해서는 모자를 써야 한다는 것이었다.
전통적으로 유대인들은 머리에 '키파'라는 작은 모자를
쓰고 기도한다고 했다.

통곡의 벽

통곡의 벽에는 전통 유대인 복장을 한 사람들이 많았는데, 그들은 기도를 하는 사람과 성경을 보는 사람들로 구분할 수 있었다. 어떤 유대인은 랍비처럼 다른 사람에게 성경을 가르치기도 했다. 7-8세 정도 되어 보이는 꼬마들도 머리에 유대인들이 쓰는 작은 모자인 키파를 쓰고 의자에 앉아 있었다. 그리고 종이에 무엇인가 적어서 벽 사이에 넣고 있었다. 이는 자기의 소망을 적어 넣는 것이라고 한다.

유대인의 성년 의식 '발 미쯔바'

이곳에서 성년의식을 행하기 위해 외국에 사는 유대인들은 비행기를 타고 일부러 오는 사람도 있다고 하니 그들의 종교적인 열성이 얼마나 대단한지 알 수 있을 것 같다. 일행은 모두 두손을 벽에 짚고 얼굴을 맞대어 기도를 드렸다. 그런데 다른 일행들은 어떤 기도를 드렸을까?

"주님 이 곁에 있는 유대인들 모두 예수님을 구세주로 믿게 하옵소서!"

16 ● 모리아산

성경의 여러 사건들이 산을 중심으로 일어난 경우가 많은 것을 볼 수 있다. 예를 들어 시내산, 갈멜산, 변화산, 감람산 그리고 모리아산 등이다. 특히 모리아산은 성경의 큰 흐름을 형성해 주는 중요한 산이라 할 수 있는데 중요한 3대 사건이 있었던 곳이다.

첫째, 하나님께서 이삭을 드리라고 명령하신 곳이다. 창세기 22장 1-2절을 보면 그 사실을 잘 알 수 있다.

"그 일 후에 하나님이 아브라함을 시험하시려고 그를 부르시되 아브라함아 하시니 그가 가로되 내가 여기 있나이다 여호와께서 가라사대 네 아들 네 사랑하는 독자 이삭을 데리고 모리아 땅으로 가서 내가 네게 지시하는 한 산 거기서 그를 번제로 드리라."

아브라함은 하나님의 명령에 순종하므로 믿음의 조상이 될 수 있었다.

둘째, 솔로몬이 성전을 세운 곳이 모리아산이다. 이 사실에 대해 역대하 3장 1절에서 이렇게 말씀하고 있다.

"솔로몬이 예루살렘 모리아산에 여호와의 전 건축하기를 시작하니 그곳은 전에 여호와께서 그 아비 다윗에게 나타나신 곳이요 여부스 사람 오르난의 타작마당에 다윗이 정한 곳이라."

셋째, 다윗이 여호와께 단을 쌓은 곳이다(삼하 24:18-25).

이처럼 모리아산은 참으로 중요한 곳이다. 그런데 현재의 모리아산에는 이슬람교의 '바위 사원'이 세워져 있다. 바위 사원은 '오마르 모스크'라고도 불리는데 691년에 칼리프 압둘 말리크가 세웠으며, 현재의 위치가 바로 솔로몬의 성전이 위치했던 자리이다. 바위 사원(일명 암석의 돔)은 메카의 '카바 사원'과 메디나의 '마호멧 무덤'과 함께 이슬람의 3대 사원 중의 하나이다. 지상에서부터 돔까지의 높이는 54m이며 돔의 지름은 23m이다. 이 돔은 햇빛이 비칠 때 황금빛으로 아름답게 보이도록 하기 위해 구리와 알루미늄의 특수 합금으로 만들었다.

사원에 들어가기 전에 손과 발을 씻는 곳이 입구에 있었다. 그들이 얼마나 예배 의식을 중하게 여기는가를 알 수 있다. 일행은 모두 신을 벗고 바위 사원 안으로 들어갔다. 가장 눈에 띄는 것은 모리아산의 바위였다. 아브라함이 이삭을 번제물로 바친 바위라고 전해지는 곳이다. 그런데 이슬람교에서는 마호멧이 이 바위를 딛고 하늘로 승천했다고 믿는다. 바로 이런 이유 때문에 이곳이 이슬람교의 3대 성지가 되었다고 한다. 모리아산은 3대 종교의 성지이다. 그래서 쟁탈전을 벌이고 있는 것이다. 그러나 결국 하나님은 하나님의 뜻을 좇는 자의 손을 들어주실 것이다.

17 • 빌라도 법정

빌라도는 역사에 악명을 남긴 참으로 불쌍한 사람이다. 유대 총독이라는 직함으로 백성들을 다스렸지만, 소신 없는 판결은 후세의 사람들에게까지 전해지고 있기 때문이다. 빌라도는 주후 26년에 유대 총독이 되어 10년간 재직하였다. 그는 재직 중에 갈릴리 사람들을 죽이기도 하였다(눅 13:1). 그에 대해 역사가들은 잔인하고 유약하였으며 재물을 탐한 기회주의자였다고 평하고 있다. 그는 로마의 총독 관청이 있던 가이사랴를 떠나 유대인들의 소란을 진정시키기 위해 예루살렘에 머무는 기간 동안에 예수님의 재판을 맡게 된다(마 27:2). 빌라도는 예수님이 무죄한 줄 알았지만 백성들의 민란이 두려워 결국 사형을 선고하여 예수님을 십자가에 못 박도록 한다.

"빌라도가 아무 효험도 없이 도리어 민란이 나려는 것을 보고 물을 가져다가 무리 앞에서 손을 씻으며 가로되 이 사람의 피에 대하여 나는 무죄하니 너희가 당하라"(마 27:24).

예수님께서 사형 언도를 받으신 바로 그 장소에 지금 서 있다. 오늘날에도 정의보다 백성들의 인기를 먹고 사는 정치가들이 있듯이, 이천 년 전 빌라도가 실수한 장소에 서 있다. 지금은 '엘 오마리에'라는 아랍 초등학교로 변해 있다. 성경은 그 당시의 상황을 요한복음 19장 13절에서 이렇게 말씀하고 있다.

"빌라도가 이 말을 듣고 예수를 끌고 나와서 박석(히브리 말로 가바다)이란 곳에서 재판석에 앉았더라."

그 당시 빌라도가 앉은 박석은 '돌로서 포장된 장소'라는 히브리 의미를 가지고 있는데 빌라도 법정은 안토니오 성채 안에 있었다고 한다. 일행이 가이드인 이 목사님의 설명을 듣고 있는 동안 '엘 오마리에' 초등학교 교정까지 따라 들어온 아랍 어린이들이 우편 엽서를 열심히 팔고 있었다.

사람은 모든 사건을 자신에게 유익한 편으로 이용한다. 그 옛날 예수님의 십자가 때문에 많은 관광 수입을 올리고 있는 유대인들 대부분은 예수님의 십자가를 믿지 않는다. '원 달러'를 외치는 아랍 어린이가 예수님이 누군지 알겠는가? 로마 황제에게 소환되어 파직되고 결국에는 자살의 길을 택한 빌라도는 죽어 가면서 무슨 생각을 하고 무슨 말을 했을까? "다 이루었다"라고 하신 예수님의 말씀을 기억했을까? 아니면 ….

18 • 비아 돌로로사(1)

비아 돌로로사에서 십자가 행진을 하고 있다.

'비아 돌로로사'는 라틴어로 '슬픔의 길, 수난의 길'이란 뜻이다. 일행은 예수님께서 고난을 당하신 십자가의 길로 들어섰다. 예수님께서 고난 당하신 길을 14곳으로 구분하여 예수님의 고난을 생생하게 엿보게 하는 비아 돌로로사는 빌라도 법정에서 빈 무덤까지로 700m 정도 되는 거리이다. 도로의 폭은 승용차 한 대 정도 지나갈 수 있을 정도로 좁은 길로서 아랍인들의 상점이 길 좌우에 자리잡고 있어 소란스럽기까지 했다.

빌라도의 법정이었던 '엘 오마리에' 초등학교를 지나서 예수님께서 혹독하게 채찍질을 당한 '채찍질 교회'에 도착했다. 일행은 그곳에서 예수님께서 채찍질을 당한 고난을 생각하며 말씀을 묵상하고 기도를 드렸다. 벽에는 예수님의 고난을 기억나게 하는 성화가 그려져 있었다. 십자가를 지신 예수님의 모습과 천정에 달려 있는 가시면류관 형태의 창문은 더욱 우리의 마음을 숙연하게 만들었다.

"이에 빌라도가 예수를 데려다가 채찍질하더라 군병들이 가시로 면류관을 엮어 그의 머리에 씌우고 자색 옷을 입히고 앞에 와서 가로되 유대인의 왕이여 평안할지어다 하며 손바닥으로 때리더라"(요 19:1-3).

가이드를 맡은 이 목사님의 기도 후 일행은 나무로 만든 십자가를 지고 수난의 길을 따라 행진을 시작했다. 예수님께서 채찍에 맞으셨기에 우리가 죄로부터 해방되었다는 사실을 깊이 인식하기 위해 십자가를 지고 행진을 하기로 한 것이다.

"친히 나무에 달려 그 몸으로 우리 죄를 담당하셨으니 이는 우리로 죄에 대하여 죽고 의에 대하여 살게 하려 하심이라 저가 채찍에 맞음으로 너희는 나음을 얻었나니"(벧전 2:24).

일행은 모두 예수님의 고난을 생각하며 한 걸음 한 걸음 골고다 언덕을 향해 발걸음을 옮기며 찬송 144장을 불렀다.

"예수 나를 위하여 십자가를 질 때 세상 죄를 지시고 고초 당하셨네 예수여 예수여 나의 죄 위하여 보배 피를 흘리니 죄인 받으소서"

일행은 번갈아 가며 십자가를 졌다. 모두 예수님의 마음이 되고 싶은 것이다. 그리고 주님을 좀더 사랑하고 싶다. 주님을 너무나 많이 부인하였지만! 그러나 주님! 정말 주님을 사랑해요!

19 ● 비아 돌로로사(2)

슬픔의 길을 그림과 조각으로 표시한 비아 돌로로사의 14지점은 다음과 같다.

제1장소는 예수님께서 빌라도에게 재판을 받던 곳으로 지금 현재는 '엘 오마리에' 아랍 초등학교가 위치하고 있다.

제2장소는 예수님께서 십자가를 지신 곳으로 현재는 채찍질 교회가 서 있다.

제3장소는 십자가를 지고 가다 처음 쓰러진 장소로 교회 문위에 쓰러지신 예수님의 모습이 새겨져 있다. 제3장소에 세워진 교회는 아르메니아 카톨릭의 소유이다.

제4장소는 십자가를 지고 가던 예수님이 어머니를 만난 곳으로 예수님을 보고 안타까워 하는 마리아의 모습이 교회 문위에 조각되어 있다.

제5장소는 구레네 시몬이 예수님을 도와 십자가를 대신 진 장소로 이곳에는 프랜시스컨 신부회의 카톨릭 교회가 세워져 있다.

제6장소는 '베로니카'라는 여인이 수건으로 예수님 얼굴의 땀과 먼지를 닦아 준 곳으로 그 수건에 예수님의 얼굴이 새겨졌다고 한다.

제7장소는 예수님이 두 번째로 쓰러진 곳이다.

제8장소는 예수님께서 울면서 따라오는 예루살렘 여인들을 향하여 "예루살렘의 딸들아 나를 위하여 울지 말고 너희와 너희 자녀를 위하여 울라"(눅 23:28)고 하신 장소로 희랍 정교회 수도원이 있다.

제9장소는 예수님께서 세 번째로 쓰러지신 곳으로 골고다 언덕을 거의 다 올라가서 쓰러지셨다. 현재는 28계단 위에 있는 이집트 교회인 '곱틱 교회'가 있다.

제10장소부터 제14장소까지는 '성묘 교회' 안에 자리 잡고 있다.

제10장소는 예수님의 옷을 벗긴 곳이다.

제11장소는 예수님을 십자가에 못 박은 곳이다(마 27:35; 막 15:24; 눅 24:33; 요 19:23).

제12장소는 예수님께서 십자가에서 돌아가신 곳이다(마 27:50).

제13장소는 예수님의 시신을 십자가에서 내려 장례를 준비한 곳(눅 24:53)으로 아리마대 요셉의 주님을 향한 사랑과 몰약과 침향을 섞은 것을 백근이나 가져온 니고데모의 헌신을 생각해 볼 수 있는 곳이다(요 20:39).

제14장소는 예수님께서 묻히신 곳으로 본래 아리마대

요셉의 무덤이다.

"요셉이 세마포를 사고 예수를 내려다가 이것으로 싸서 바위 속에 판 무덤에 넣어 두고 돌을 굴려 무덤 문에 놓으매"(막 15:46)

20 • 성묘 교회

성묘교회

예수님의 무덤이 있었던 장소에 지어진 교회를 성묘 교회 또는 '무덤 교회'라고 부른다. 성묘 교회 안은 수많은 순례자들로 꽉 차 있었다. 겉모양은 그렇게 화려하게 보이지 않았으나 안으로 들어가니 많은 벽화로 장식되어 있었다. 예수님께서 부활하신 무덤이 있는 곳이라 가슴이 설레이기까지 했다. 그러나 너무 많은 장식과 벽화는 본래 예수님의 고난을 퇴색시킬 수 있다는 생각이 들었다.

예수님의 십자가를 외면했던 수많은 사람들은 하나님의 뜻을 정면으로 거부했다. 주후 135년경 하드리안 황제는 예루살렘의 이름을 '카피톨리나' 라는 로마식 이름으로 바꾸고 예수님의 흔적을 말살하기 위해 골고다 언덕에 '비너스 신전' 을 건립하였다. 그 이후 세상이 바뀌어 콘스탄틴 대제가 기독교를 공인하자 기독교 신자였던 콘스탄틴의 어머니 헬레나 왕후는 성지를 순례한 후 골고다 언덕과 예수님의 무덤을 찾기 시작했다. 그 결과 예루살렘 교회의 감독 '메카리우스' 가 골고다 언덕과 예수님께서 못 박히셨던 십자가를 발견했다. 그리고 콘스탄틴 대제는 336년 비너스 신전을 무너뜨리고 성묘교회를 세웠다. 그러나 성묘 교회는 여러 번 수난을 겪어 파괴되고 다시 복구되었다. 614년 페르시아 군대가 침입하여 파괴되고, 다시 복구한 후에는 이슬람 교도들에 의해 또 다시 파괴되었다. 지금 현재의 교회는 십자군이 예루살렘으로 들어와 1149년에 재건한 모습이라고 한다.

예수님의 무덤으로 들어가려는 사람이 많아 줄을 서서 내부를 둘러보니 아직도 천정 공사를 하고 있는 것을 볼 수 있었다. 1958년 이후로 계속해서 공사를 하고 있다고 한다. 이는 성묘 교회를 분할해서 관리하는 카톨릭, 그리이스 정교회, 곱틱 교회, 시리아 정교회, 에디오피아 교회가 서로 수리비를 적게 내기 위해 애쓴 결과 공사의 진척이 느리다는 것이다. 서로 갈라져 있는 것도 보기 싫은데 보수비를 적게 내겠다고 의견의 일치가 되지 않는다니 참으로 기막힐 노릇이다.

입구에 앉아 있는 수염이 많은 신부가 어디에 소속된 신부인지는 알 길이 없지만 자기가 속한 교파가 보수비를 적게 내기를 원한다면 주님께서는 무엇이라고 말씀하실까? '프린시스 리들리 해버갈'이 이미 소년 시절에 작시한 찬송이 생각난다.

"내 너를 위하여 몸 버려 피 흘려 네 죄를 속하여 살길을 주었다 너 위해 몸을 주건만 날 무엇 주느냐 너 위해 몸을 주건만 날 무엇 주느냐"

성묘 교회 안에 있는 예수 기념 묘. 아래편 중앙이 입구. 이곳이 예수 부활의 현장이라고 믿고 있다.

21 ● 아리마대 요셉의 무덤

　예수님의 시신을 무덤으로 옮긴 아리마대 요셉은 참으
로 용기 있는 사람이었다. 예수님에게 하나님을 모욕한
자, 자칭 유대인의 왕이라는 엄청난 죄를 뒤집어씌운 대
제사장, 서기관, 바리새인 그리고 로마 총독 빌라도를 위
시한 로마 관리들의 눈과 여론에 의해 여지없이 예수님을
죄인이라고 생각하는 유대인들의 시선을 이긴 사람, 참으
로 당돌한 사람이었다. 아리마대 요셉은 부자였다. 그리
고 그는 산헤드린 공회원이었다.

　일상적인 부자들이 자신의 부를 위해 몸을 사리고 물
질을 사랑했다면 그는 물질을 가장 가치 있는 곳에 사용
할 줄 아는 사람이었다. 그리고 산헤드린 공회원이라는
명예도 가지고 있었다. 그러나 그는 당돌하게도 빌라도에
게 가서 예수님의 시신을 요구했다. 그는 확신과 용기를
가진 자였다. 마가복음 15장 43절은 이렇게 말씀하고 있
다.

"아리마대 사람 요셉이 와서 당돌히 빌라도에게 들어가 예수의 시체를 달라하니 이 사람은 존귀한 공회원이요 하나님의 나라를 기다리는 자라."

아리마대 요셉은 참으로 하나님의 나라를 소망 삼고 있었다. 그는 평소에 예수님으로부터 하나님의 나라에 대한 설교를 듣고 하나님의 나라를 기다리는 자의 바른 자세를 보여 준 것이다. 예수님의 열두 제자가 두려워 숨어 있을 때에 그는 전면에 나타나 주님의 장례를 잘 치른 것이다. 마태복음 27장 57절에서 그는 분명 예수님의 제자였다고 밝히고 있다. 그는 예수님을 장사 지내기 위해 세마포와 자기 무덤을 제공했다(마 27:57-60). 그러므로 그는 주님께서 인정하시는 부요한 자가 된 것이다.

"주라 그리하면 너희에게 줄 것이니 곧 후히 되어 누르고 흔들어 넘치도록 하여 너희에게 안겨 주리라"(눅 6:38).

전설에 의하면 아리마대 요셉은 영국의 '그래스턴 베리'에 그리스도인들의 거주지를 최초로 세웠다고 한다.
아리마대 요셉은 자신의 무덤에 예수님을 장사 지내고 난 후 예수님께서 누우셨던 곳에 감히 자신이 장사될 수 없다고 생각하여 새로운 무덤을 장만하였다. 예수님의 기념 묘 옆방으로 자리를 이동하니 아리마대 요셉이 준비한 자신의 새 무덤이 있었다. 아리마대 요셉의 무덤은 비어 있었다. 왜 비어 있는지 이유는 알 수가 없었다. 아리마대

요셉의 무덤이 있는 동굴 안으로 들어가 기념촬영을 하고
나오니 일행이 보이지 않았다. 너무 멋있는 인물의 무덤
에 빠져 그만 가이드와 일행을 잃어버리고 미아가 된 것
이다. 그러나 조금 후에는 이산 가족이 재회하는 것보다
더 큰 기쁨도 맛보았다.

22 • 마가의 다락방

예수님께서 십자가에 달리시기 전에 제자들과 함께 마지막 만찬을 행한 장소가 바로 마가의 다락방이다. 마가의 다락방은 시온산에 위치하고 있다. 기원 후 4세기경 예루살렘 서남쪽에 시온산 교회라는 웅장한 교회가 세워진 후부터 시온산이라고 불려지고 있다고 한다. 누가복음 22장 10-23절에 보면 예수님의 마지막 유월절 만찬에 대해 기록하고 있다. 예수님은 마음이 무거우셨을 것이다. 십자가의 죽음을 앞둔 상황에서의 만찬이었을 뿐 아니라 제자들에게 성찬의 의미를 가르치셨던 것이다.

"또 떡을 가져 사례하시고 떼어 저희에게 주시며 가라사대 이것은 너희를 위하여 주는 내 몸이라 너희가 이를 행하여 나를 기념하라 하시고 저녁 먹은 후에 잔도 이와 같이 하여 가라사대 이 잔은 내 피로 세우는 새 언약이니 곧 너희를 위하여 붓는 것이라"(눅 22:19-20).

오늘날 성찬식에 참여하면서도 주님의 뜻을 받들지 못하는 경우가 얼마나 많은가? 그리스도와 한몸 된 자들은 주의 뜻을 따라야 한다. 그러나 믿음을 통해 빛과 소금의 역할을 하기는커녕 자신의 욕심이나 채우려는 이기심으로 오히려 복음을 방해하는 경우가 너무도 많다. 그리고 하나가 되어 복음을 전파하고 하나님의 사역에 최선을 다해 합심해야 함에도 오히려 분쟁을 일삼아 주님의 교회를 혼란 속으로 밀어 넣는 경우를 많이 볼 수 있다. 이는 마가의 다락방에서 거행된 최후의 만찬에 같이 앉아서 위선을 떨고 있는 가룟유다와 무엇이 다르겠는가?

"저희가 먹을 때에 이르시되 내가 진실로 너희에게 이르노니 너희 중에 한 사람이 나를 팔리라 하시니 저희가 심히 근심하여 각각 여짜오되 주여 내니이까 대답하여 가라사대 나와 함께 그릇에 손을 넣는 그가 나를 팔리라 인자는 자기에 대하여 기록된 대로 가거니와 인자를 파는 그 사람에게는 화가 있으리로다 그 사람은 차라리 나지 아니하였더면 제게 좋을 뻔하였느니라 예수를 파는 유다가 대답하여 가로되 랍비여 내니이까 대답하시되 네가 말하였도다 하시니라"(마 26:21-25).

또한 마가의 다락방은 예수님께서 십자가에 돌아가신 후 제자들이 모여 기도할 때 오순절 성령 강림의 역사가 일어난 곳이기도 하다. 일행은 이곳에서 함께 예배를 드렸는데 당시 제자들과 같은 마음이 되기를 원해 합심하여 큰 소리로 통성 기도를 드렸다.

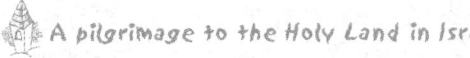

23 · 다윗의 묘

유대인들에게 가장 신성시하는 장소 두 곳을 선택하라
고 한다면 통곡의 벽과 다윗의 묘일 것이다. 마가의 다락
방을 나와서 장소를 이동하여 계단을 통해 아래층 부분으
로 내려가니 다윗의 기념 묘가 나왔다. 다윗의 기념 묘는
석조 건물의 석실 안에 있는 길이 2m, 폭 1m 정도의 석
관으로 빨간 천으로 덮혀 있었다. 그리고 유대인의 상징
인 다윗의 별이 그려져 있었다. 천 위에 쓰여진 히브리어
는 '이스라엘 왕 다윗은 여기 살아 있다'는 의미이며, 관
위에는 은제로 된 집기들이 놓여져 있었다. 이 기념묘는
12세기 십자군 시대에 만든 것이라고 한다. 다윗의 실제
묘는 어디 있는지 모른다고 한다. 성경에는 다윗의 죽음
에 대해 다음과 같이 기록하고 있다.

"다윗이 그 열조와 함께 누워 자서 다윗성에 장사되니"(왕상 2:10)

다윗성은 원래 예루살렘의 가장 오래된 지역으로 이

성은 다윗이 여부스 족속으로부터 빼앗아 자기 이름을 붙였다. 이 성은 동쪽의 기드론 시내와 서쪽의 두로베베온 계곡에 있는 급한 경사 능선 4분의 1마일을 점유하고 북쪽으로는 힌놈 골짜기까지 닿아 있는데, 구약 성경에서는 다윗성을 '시온 산성'이라고 표현하고 있다.

"다윗이 시온 산성을 빼앗았으니 이는 다윗성이더라"(삼하 5:7).

"여부스 토인이 다윗에게 이르기를 네가 이리로 들어오지 못하리라 하나 다윗이 시온 산성을 빼앗았으니 이는 다윗성이더라"(대상 11:5).

다윗의 무덤과 함께 대부분의 유다 왕이 다윗성에 묻혀 있다.

"솔로몬이 그 열조와 함께 자매 그 부친 다윗의 성에 장사되고"(왕상 11:43)

"르호보암이 그 열조와 함께 자매 다윗성에 장사되고"(대하 12:16)

"아비야가 그 열조와 함께 자매 다윗성에 장사되고"(대하 14:1)

이외에도 많은 왕들이 다윗성에 묻혔을 뿐 아니라 제사장 여호야다도 이곳에 묻혔다(대하 24:16).

성지순례를 하면서 느낀 것은 아무리 위대한 인물일지라도 죽은 자를 우상화하는 것을 찾아볼 수 없었는데, 이는 이스라엘 사람들의 신앙의 단면을 보여 주는 좋은 예가 아닌가 하는 생각이 들었다. 무덤이 아무리 화려해도 세상에서의 삶이 어두웠다면 무슨 의미가 있겠는가? 무덤보다 더 중요한 것이 삶에 대한 하나님의 평가이다.

"네가 만일 내 앞에서 행하기를 네 아비 다윗같이 하여 내가 네게 명한 모든 것을 행하여 내 율례와 규례를 지키면 내가 네 나라 위를 견고케 하되 전에 내가 네 아비 다윗과 언약하기를 이스라엘을 다스릴 자가 네게서 끊어지지 아니하리라 한 대로 하리라"(대하 7:17-18).

시온산 위에 있는 다윗 왕의 기념 묘

24 ● 베드로 갈리칸투 교회

예수님을 죽이는데 적극 가담한 사람 중에 한 명이 대제사장 '가야바'이다. 그는 '안나스'의 사위로 예수님을 잡아서 심문하고 죽여야 할 죄인으로 몰아 로마 총독 빌라도에게 보낸 자이다. 또한 로마가 유대 교권까지 잡기 위해 세운 사두개인으로 대제사장이었다고 전하고 있다. 잠시 성경에 나타난 가야바의 모습을 살펴보자.

"예수를 잡은 자들이 끌고 대제사장 가야바에게로 가니 거기 서기관과 장로들이 모여 있더라"(마 26:57).

"예수께서 잠잠하시거늘 대제사장이 가로되 내가 너로 살아 계신 하나님께 맹세하게 하노니 네가 하나님의 아들 그리스도인지 우리에게 말하라 예수께서 가라사대 네가 말하였느니라 그러나 내가 너희에게 이르노니 이후에 인자가 권능의 우편에 앉은 것과 하늘 구름을 타고 오는 것을 너희가 보리라 하시니 이에 대제사장이 자기 옷을 찢으며 가로되 저가 참람한 말을 하였으니 어찌 더 증인을 요구하리요 보라 너희가 지금 이 참람한 말을 들었도다 생각이 어떠하뇨 대답하여 가로되 저는 사형에 해당하니라 하고 이에 예수의 얼굴에 침 뱉으며 주먹으로 치고 혹은 손바닥으로 때리며 가로되 그리스도야 우리에게 선지자 노릇을 하라 너를 친 자가 누구냐 하더라"(마 26:63-68).

"새벽에 모든 대제사장과 백성의 장로들이 예수를 죽이려고 함께 의논하고 결박하여 끌고 가서 총독 빌라도에게 넘겨 주니라"(마 27:1-2).

　　예수님은 가야바의 집에서 고문을 당하였을 뿐 아니라 감옥인 깊은 굴속으로 처넣어졌다. 가야바의 집터 위에 세워진 베드로 갈리칸투 교회의 지하실에는 예수님께서 고문 당하신 장소와 감옥이 그대로 보존되어 있다. '갈리칸투'는 라틴어로 '닭이 운다'는 뜻이다. 가야바의 집과 베드로는 특별한 관계가 있다. 베드로가 세 번 예수님을 부인한 장소가 바로 가야바의 집이기 때문이다. 베드로 갈리칸투 교회는 1931년 카톨릭에 의해 세워졌다고 한다.

　　베드로도 주님의 말씀을 잊어버리고 두려움과 불안 속에서 예수님을 세 번씩이나 부인했다. 그런데 나의 모습은 어떤가? 입으로는 주님을 부인하지 않는 척하면서도 생활 속에서는 얼마나 많이 주님을 부인했는지! 부인하고서도 통곡하지 못하는 것은 더 큰 비극이 아닐까?

25 · 베들레헴으로 가는 길

예루살렘의 성탄절은 너무나 조용하다고 한다. 세계가 온통 구주의 탄생을 요란하게 알리고 영광을 전하는 반면 예루살렘을 위시한 대부분의 이스라엘 지역은 성탄의 느낌조차 가질 수 없을 정도라고 한다. 그러나 베들레헴만은 그런데로 구주의 나심을 느낄 수 있는 도시라고 한다. 버스는 지금 베들레헴을 향해 달려가고 있다.

버스 밖으로 보이는 유적지에 대해 가이드 이 목사님은 쉽고 자세하게 설명해 주었다.

현재 시간이 오후 3시 30분이다. 휴식 시간도 없이 계속되는 여행이지만 피곤하지 않은 것은 마음이 즐겁기 때문일 것이다.

지금 버스가 힌놈 골짜기를 지나고 있다. 힌놈 골짜기는 예루살렘의 서에서 남으로 둘러 있는 골짜기로, 유대 왕 아하스는 이곳에서 자녀를 불살라 '몰록'에게 제사하였다(대하 28:3). 이와는 반대로 신앙적인 개혁을 한 요시야 왕은 '몰록'에게 제사하는 것을 금하였다(왕하 23:10).

예루살렘에서 베들레헴으로 가는 길목에 있는 헬라 정교회 소속인 '엘리야 교회'를 지나 조금 가다 보니 '라헬의 무덤'이 있는 지역이 나왔다. 라헬은 야곱이 가장 사랑한 여인이다. 야곱은 라헬을 아내로 얻기 위해 14년 동안이나 외삼촌 라반에게 봉사하였다. 그러나 결혼 후 라헬에게는 자녀가 없었다. 언니인 레아는 6명의 자녀를 낳았으나 자기는 단 한 명의 자녀도 낳지 못하자 슬퍼하다가 자기의 몸종인 빌하를 야곱에게 첩으로 주어 단과 납달리를 낳게 한다(창 30:3-8). 이후 라헬은 요셉과 베냐민을 낳는다(창 30:22-25). 그러나 라헬은 벧엘을 떠나 에브랏으로 가는 도중에 베냐민을 낳고 죽고 만다.

"라헬이 죽으매 에브랏 곧 베들레헴 길에 장사되었고 야곱이 라헬의 묘에 비를 세웠더니 지금까지 라헬의 묘비라 일컫더라"(창 35:19-20).

순산을 원하는 여인은 지금도 라헬의 무덤에 와서 기도를 드린다고 한다. 무덤 위로 둥근 지붕이 있는데 이것은 15세기에 만들어진 것이라고 한다.

버스는 오후 4시에 베들레헴에 도착하였다. 베들레헴이 고향인 사람들은 예수님, 다윗(삼상 16:1-13), 나오미(룻 1:1), 보아스(룻 4:9-11) 등이다. 베들레헴은 많은 사람들의 기억 속에 중요한 위치를 차지하고 있다. 구세주가 바로 베들레헴에서 탄생하셨기 때문이다.

26 · 예수 탄생 교회(1)

예수 탄생 교회, 교회로 들어가는 작은 입구가 전면에 보인다.

　예수님이 탄생하신 자리에 세워진 탄생 교회를 향하고 있다. 예수 탄생 교회로 가기 위해서는 말구유 광장을 지나야 한다. 말구유 광장을 지나니 교회 입구가 나왔다. 입구는 높이 1.2m, 폭이 0.8m 정도라고 한다. 입구가 이렇게 작은 것은 누구든지 이 교회로 들어가려면 머리를 숙

여야 한다는 것을 가르치는 의미가 있다고 한다. 그래서 왕이나 귀족, 어떤 명예를 가진 사람일지라도 고개를 숙이지 않고는 들어갈 수가 없다. 본래 문은 이보다 컸으나 말을 타고 들어오는 것을 막기 위해 문을 좁히고 낮추었다고 한다. 결국 주님 앞에 나아갈 수 있는 사람은 자신을 낮추어야만 한다는 진리를 가르쳐 주는 문이라는 생각이 들었다.

예수 탄생 교회로 들어가는 낮고 좁은 입구. 입구의 높이 1.2m. 머리를 숙이고 들어가야 한다.

"주 앞에서 낮추라 그리하면 주께서 너희를 높이시리라"(약 4:10).

　예수 탄생 교회는 성지에 있는 건물 중에 가장 오래된 건물 중에 하나로 예루살렘의 성묘 교회와 비슷한 역사를 가지고 있다고 한다. 콘스탄틴 대제의 어머니 헬레나가 성지를 순례한 후 이 교회를 세웠다고 한다. 본래 예수 탄생 교회가 있던 자리에는 로마 황제 하드리안이 주후 135년에 유대인들의 반란을 진압한 후 '아도니스 신전'을 만들었다고 한다. 헬레나가 베들레헴을 순례한 후 아도니스 신전을 헐고 아름다운 예수 탄생 교회를 주후 325년에 세웠다. 그러나 사마리아인들의 반란(주후 529년)으로 크게 손상되자 주후 565년에 로마의 유스티니안 황제가 복구하였다. 이후에는 다행히도 현재까지 큰 손상을 입지 않고 잘 보존되어 오고 있다. 그리고 주후 1,100년 성탄절에 볼드윈 1세가 이 교회에서 예루살렘 기독교 왕국의 첫 왕으로 등극하는 즉위식을 거행하였다고 한다.

예수 탄생 교회는 헬라 정교회에 소속되어 있고, 그 옆에 같이 붙어 있는 교회는 '캐더린 교회'로 카톨릭에서 관장하고 있다. 로마 카톨릭은 성탄절 예배를 12월 25일에 드리지만 헬라 정교회에서는 1월 6일에 드린다고 하니, 서로 내부로 통하는 붙어 있는 교회이지만 참 묘한 기분이 든다.

614년 페르시아 침략 때에 이스라엘 내의 다른 교회는 모두 파괴되었으나 이 교회에 그려진 동방박사의 벽화가 그들과 관계가 있다고 하여 파괴하지 않으므로 이 예수 탄생 교회는 현존하는 교회 중에 가장 오래된 교회가 되었다.

27 • 예수 탄생 교회(2)

　예수 탄생 교회의 내부는 길이 85m, 폭이 40m의 십자가 모형으로 만들어져 있다. 바닥은 나무로 만들어져 있고, 11개의 붉은 색 돌기둥이 4줄로 늘어서 있는데 이는 바실리카 형태의 교회 모습이라고 한다.

예수 탄생 교회의 내부. 11개의 돌기둥이 4줄로 늘어선 바실리카 형태의 교회

예수 탄생 교회 밑으로 나 있는 층계를 내려가니 예수
님께서 탄생하신 장소가 있었다. 예수님의 탄생 장소에는
은으로 만든 별 모양의 장식이 새겨져 있었다. 이 별 모양
은 카톨릭 교회에서 1717년에 만들었고, 별 주위에는 라
틴어로 "이곳에서 동정녀 마리아에게서 예수 그리스도가
탄생하셨다"라는 글이 새겨져 있다. 은으로 만든 별 위에
는 금속으로 만든 램프들이 천정으로부터 달려 있었다.

베들레헴의 별. 아기 예수의 탄생 지점을 알려주고 있다.

그 옛날 예수님께서 탄생하실 때의 초라한 마구간으로
그대로 두었으면 오히려 실감이 더하였으리라는 생각이
들었다. 그런데 이 은으로 만든 별이 '크림 전쟁'을 일으
키는 원인 중에 하나가 되었다. 카톨릭 교회가 만든 베들
레헴의 별을 러시아 정교회에서 제거하자 당시 이스라엘

을 지배하던 오스만 터어키는 원상 회복을 요구하였고, 이 문제는 결국 크림 전쟁으로 발전하여 러시아와 오스만 터어키, 영국, 프랑스, 프로이센, 사르디아 연합군 사이에 전쟁으로 발전하게 되었다(1853-1856).

예수님이 탄생한 장소 옆쪽으로 말구유 제단이 있었다. 말구유 제단은 마초를 두었던 곳으로 보이는데 아이가 지내기에 습하지 않아서 오히려 좋았을 것이다. 동방박사들이 아기 예수의 탄생을 경배하던 '세 동방박사의 제단'도 있었다. 이곳과 연결된 다른 지하실로 가보니 헤롯 왕이 두 살 이하의 어린아이들을 학살한 것으로 추정되는 뼈를 발견한 장소가 있었다. 이처럼 예수님의 오심은 많은 방해를 받았다. 그러나 그 누구도 하나님께서 하시는 일을 막을 수는 없다. 이 세상 역사의 주인은 하나님이시기 때문이다. 그리고 또 다른 동굴이 지하에 있었는데, 여기는 '제롬'이 성경을 번역하며 말년을 보냈다는 곳이다. 그는 아마 예수님께서 탄생하신 곳에서 성경 번역을 하고 싶었던 것 같다. 그가 번역한 '불게이트 성경'은 지금도 로마 카톨릭 교회에서 사용하고 있다. 제롬은 이곳에서 죽었는데 시신은 로마로 옮겼다고 한다. 이런 연유로 성 카더린 교회 앞에는 제롬의 석상이 서 있다.

28 · 선한 사마리아인

새로운 순례지를 향해 출발하였다. 첫 번째 방문지는
'선한 사마리아인 여관'이었다. 성경에 나오는 선한 사마
리아인의 비유를 생각해 볼 수 있는 장소이다. 예수님께
서 하신 말씀이나 비유는 분명 그 시대적인 상황과 환경
을 잘 묘사하셨다는 사실을 성지순례 기간 동안에 더욱
확실하게 알 수가 있었다. 선한 사마리아인 여관이 있는
곳은 예루살렘에서 여리고를 향해 34Km 지점에 위치하
고 있는데, 걸어서 하루 정도 걸리는 거리이다. 차는 예루
살렘 동편 언덕을 넘어 지형이 낮은 여리고로 내려가고
있었다. 산등성이에서 낙타를 타고 가는 사람들을 간혹
만날 수 있었으며, 양을 치는 '베드원족'도 차창 밖으로
보였다. 베드원족은 7세기 경에 사우디 반도에서 건너온
사람들로 양을 치며 살아가는 사람들이다. 그런데 산등성
이를 따라 수많은 줄이 그어져 있었다. 그 줄은 수많은 양
들이 수천 년 동안 산을 오가며 산 흔적이다. 이 줄로 베
드원족의 삶을 생각해 볼 수 있었다.

선한 사마리아인 여관에 도착하여 바로 앞쪽에 베드윈족이 사는 천막으로 들어가 보니 한 남자와 그의 아들이 있었다. 그곳에는 잠 잘 수 있는 곳과 식사를 준비할 수 있는 몇 가지 기구들만 보였다. 베드윈족들은 매매혼을 하는데 남자가 양을 주고 여자를 데려온다고 한다. 이렇게 결혼한 여자들은 일꾼처럼 양을 치며 산다고 한다.

선한 사마리아인 비유는 그 당시 일어났던 일상적인 사건과 밀접한 연관이 있다고 한다. 여리고로 내려가던 사람들이 강도들을 만나는 경우가 종종 있었다는 것이다. 잠시 누가복음 10장에 나타난 선한 사마리아인에 관계된 본문을 살펴보자.

"어떤 사람이 예루살렘에서 여리고로 내려가다가 강도를 만나매 강도들이 그 옷을 벗기고 때려 거반 죽은 것을 버리고 갔더라 … 어떤 사마리아인은 여행하는 중 거기 이르러 그를 보고 불쌍히 여겨 가까이 가서 기름과 포도주를 그 상처에 붓고 싸매고 자기 짐승에 태워 주막으로 데리고 가서 돌보아 주고" (눅 10:30, 33-34)

이 내용을 통해 예수님은 이웃을 향한 사랑의 마음을 가르치고 계신다. 지극한 이기주의가 팽배한 현대인들은 주님의 말씀에 귀를 기울여야 한다. 특히 예수님을 믿음으로 천국 시민이 되고 하나님의 한 가족이 된 그리스도인들에게 좋은 모델로 남아 있다.

29 ● 이런 저런 이야기

여행을 하다보면 재미있는 일들이 많다. 특히 이번 여행을 통해 여러 나라의 풍습에 대한 넓은 식견을 가질 수 있었다. 버스 안에서 나누는 대화는 그런 점에서 유익하였다고 볼 수 있다.

이스라엘은 대체적으로 높은 지역에 집을 짓고 사는 것을 볼 수 있다. 그 이유를 몇 가지로 살펴보면 다음과 같다.

첫 번째, 산꼭대기가 낮은 지역보다는 시원하기 때문이다.

두 번째, 전쟁이 일어날 경우 방어하기가 유리하기 때문이다.

세 번째, 농사 짓기가 편리하기 때문인데 산 아래에서 농사를 짓고, 산 위에서 사는 것이 여러 면에서 편하다는 것이다.

간혹 보이는 산꼭대기 집들을 배경으로 지금 우리가 달리는 도로는 1965년 요르단 왕 후세인이 만들었으나 6

일 전쟁에서 **빼앗겨** 지금은 이스라엘의 영토가 되었다.

길 좌우편에 보이는 베드윈족의 천막은 그들의 삶의 형태를 잘 보여 주고 있는 것 같다. 특히 그들은 일부 다처주의의 관습에 의해 살아가고 있다고 한다. 이슬람 계통과 아랍인들은 일부 다처주의를 그대로 고수하고 있다. 그들의 모습을 잘 묘사하고 있는 이야기가 있다.

아내를 많이 거느린 아랍의 한 족장이 어느 날 예쁜 여자를 발견하고는 아내로 삼고 싶어서 부하에게 물었다. 그러자 부하가 "족장님, 저 여자는 족장님의 딸입니다." 라고 대답했다고 한다.

인류 역사를 보면 여자들은 남자들의 권위에 억압 당하여 살아온 경우가 많다. 그래서 여권 신장을 부르짖는 사람들이 많아졌는지도 모른다. 여자들의 입장에서는 여러 가지 면에서 손해를 본다고 생각하니 불만족스러울 수밖에 없었을 것이다.

재미있는 이야기가 있다. 여자들이 아기를 분만할 때 고통이 너무 심하여 하루는 하나님께 데모를 하였다는 것이다. "하나님, 우리만 배 아플 것이 아니라 남편들도 같이 배가 아프게 해주세요." 하나님께서는 그들의 요구를 들어주셨다고 한다. 그런데 어떤 경우는 아내가 배가 아플 때 남편의 배가 아픈 것이 아니라 다른 남자의 배가 아픈 경우가 종종 생겨서 문제가 되자 여자들은 다시 하나님께 원 상태대로 여자의 배만 아프도록 해달라고 요구했다고 한다. 웃고 넘길 수 있는 이야기이지만 하나님의 깊은 뜻과 인간의 모습을 다시 한번 생각해 보게 하는 이야기 같다. 인류 역사 이래로 남녀 관계처럼 골머리를 아프게 하는 일이 또 있을까?

30 • 종려나무

버스가 달리고 있는 바깥으로 'Sea Level'이라는 표지가 보인다. 이것은 해발 0m를 가리키는 표지로 이제부터 차가 바닷속으로 들어가는 것과 같이 육지보다 낮은 곳을 향해 곧장 달려가게 된다는 것이다. 사해는 해저 400m 지점에 위치해 있기 때문이다. 차가 달리는 앞쪽으로는 여리고 평지가 보이고 좌편으로 사해가 보이기 시작한다. 양편으로는 포도밭이 늘어서 있을 뿐 아니라 종려나무 과수원들도 많이 보인다. 사막에서 쌀과 견줄 수 있는 식물이 종려나무라고 한다. 종려나무는 사해와 깊은 연관을 가지고 있다. 사해 근처에서 살던 에세네파 사람들이 종려나무 숲에서 살았을 것으로 추정하기도 한다. 종려나무는 여리고 성읍에 많이 있었는데, 여리고의 일부분을 지칭할 때 '종려의 성읍'이라고 하기도 했다(신 34:3; 대하 28:5). 또한 종려주일은 예수님께서 예루살렘으로 입성하실 때 종려나무를 사용한 것에서부터 유래가 되었다(요 12:13). 종려나무는 성경에서 여러 가지 의미로 사용되었는데, 의인의 번성을 나타낼 때도 사용하였다.

"의인은 종려나무같이 번성하며 레바논의 백향목같이 발육하리로다"(시 92:12).

그리고 종려나무는 아름다운 여인을 상징할 때 사용했다.

"네 키는 종려나무 같고 네 유방은 그 열매송이 같구나"(아 7:7).

이와 함께 종려나무는 이스라엘 통치자의 상징으로 사용되었다(시 9:1, 19:15).

종려의 성읍인 여리고는 모세에게는 꿈의 동산처럼 여겨졌을 것이다. 하나님께서 '느보산'에서 모세에게 종려의 성읍인 여리고를 눈으로 보는 것에 만족케 하셨기 때문이다.

"모세가 모압 평지에서 느보산에 올라 여리고 맞은편 비스가산 꼭대기에 이르매 여호와께서 길르앗 온 땅을 단까지 보이시고 또 온 납달리와 에브라임과 므낫세의 땅과 서해까지 유다 온 땅과 남방과 종려의 성읍 여리고 골짜기 평지를 소알까지 보이시고"(신 34:1-3)

이처럼 모세가 종려의 성읍 여리고를 보면서 눈을 감아야 했던 곳을 우리는 지금 차로서 달리고 있으니 새로운 감회를 느끼지 않을 수 없다.

하나님께서 만드신 종려나무는 하나님의 창조의 목적에 순종하여 지금까지 본분을 지키고 있다. 주님께서는 오늘도 종려나무를 통해서 우리에게 인간의 맛을 내기를 원하고 계실 것이다.

31 · 쿰란

    사해로 가는 도중에 '사해 사본'이 발견된 에세네파가 살던 동굴이 보였다. 사해의 북서쪽에 있는 이 동굴은 1951년에서 1956년 사이에 발굴되었다.

사해 사본들이 발견된 쿰란의 동굴들

유대교파의 한 분파인 에세네파는 기원전 1세기경부
터 사해 근처의 쿰란 지역에서 공동체를 이루고 살았다.
에세네파는 종말을 대망하는 종말론적인 공동체로서 그
숫자는 4,000명에까지 이르렀다고 한다. 그들은 철저하
게 구약성경대로 살았다.

　　그들은 대도시가 이방인과 순결하지 못한 사람들로 가
득 차 있다고 생각하여 그들만의 공동체를 형성하였다.
재산을 공동으로 소유하므로 빈부의 차이가 없었고 이 종
파에 속한 사람은 누구나 공동체의 재산을 사용할 수 있
었다. 그리고 모든 공동체는 다른 공동체로부터 오는 방
문객들에게 의복과 기타 필수품을 준비해 주며 맞아 주었
다. 에세네파의 공동체는 전적으로 농업에 종사하였는데,
그들은 씨를 뿌리고 각종 가축을 보살폈다. 어떤 이들은
벌꿀을 쳤고, 수공업에 종사하는 자들도 있었다. 그들은
범죄하지 않고 생계를 유지할 수 있는 방법이라면 주저하
지 않고 종사했다. 그들은 매일 공동 생활을 했으며 공동
식사를 했으므로 동일한 조건에서 살았고 특별한 사치를
할 일이 없었다. 그들은 모든 부분에서 근검 절약의 생활
을 했다. 특히 그들은 사고 파는 일이 없었고, 자기가 가
진 것을 상대방이 필요로 하면 주었고, 자신에게 필요한
것은 상대방으로부터 받아서 생활을 했다. 결혼에 대해서
도 이들은 부정적인 입장을 취했는데, 결혼을 하지 않은
에세네파들은 타인의 자녀를 양자로 삼아 그들의 혈족으

로 맞아들여 신앙적인 교육을 시켰다고 한다. 결혼을 한 에세네파들은 임신기간 동안에는 성교를 하지 않으므로 자신들의 결혼 동기가 쾌락이 아니라 자녀 생산임을 보여 주었다. 목욕할 때도 여자는 드레스를 입고, 남자는 허리에 두르는 옷을 입었다. 결국 에세네파 사람들이 다 독신은 아니었으나, 쿰란의 에세네파 공동묘지에서 여자의 유골이 적게 나타나는 것을 통해 그들의 결혼관을 알 수가 있다고 한다. 그들이 살던 주거 지역인 쿰란에서는 식당의 토기와 의자, 책상과 잉크가 담겨진 잉크 스탠드가 발견되었고, 건물로는 염색집, 옹기장이집, 방앗간과 7개의 저수 탱크가 발견되었다.

구약 이사야서 사해 사본

그리고 사해 사본이 발견된 동굴은 쿰란을 중심으로 1-2Km 내에 산재해 있는 11개의 동굴로서 600여 점 정도가 발견되었고, 쿰란의 폐허로부터 가까운 4번 동굴에 많은 사본이 있었는데 이는 서기 68년 유대인을 진압하던 로마군의 침입 때에 이곳에 숨긴 것으로 보여진다.

32 ● 사해

　사해에 도착하니 오전 9시 40분쯤 되었다. 그런데 여자는 10시 이전에는 물 속으로 들어갈 수 없다고 했다. 그래서 수영할 수 있는 다른 장소를 택했다. 물을 만난 사람들은 체면도 없는 것 같았다. 남녀 노소 거의 대부분 사해 속으로 들어갔다. 연세가 많은 장로님과 권사님들도 물속에서 사해의 오묘함을 즐겼다.

　사해는 해면보다 400m나 낮게 자리잡고 있으니 지표로는 지구상에서 가장 낮은 지점이다. 사해는 동서의 너비가 15Km이며 남북의 길이는 거의 80Km에 달하고 면적은 1,020㎢이며 최대 심도는 399m, 평균심도는 146m이다. 사해는 이스라엘과 요르단에 걸쳐 분포하고 있으며, 염분의 농도는 일반적인 바다가 4-6%에 해당한다면 사해는 5배에 달하는 25%로서 세계에서 염분이 가장 많으므로 '염해'라고도 부른다. 따라서 하구 근처 이외에는 생물이 거의 살지 않는데, 사해라는 이름이 바로이에 연유한다. 그리고 사해의 남쪽으로 내려가면 염도가

점점 높아져 소금의 결정이 바위처럼 굳어져 장관을 이룬
다. 사해에서는 수영을 하지 않아도 자연히 몸이 뜨므로
헤엄을 못치는 것이 가장 잘하는 수영법이라고 한다.

사해의 소금덩어리. 바위처럼 굳어져 장관을 이루고 있다.

사해에는 수많은 광물질이 있으므로 어떻게 보면 보물
창고라고 말할 수 있을 것이다. 포타시움, 칼슘, 마그네
슘, 유황, 브로마인 등 수많은 광물질이 사해에서 생산되
고 있다. 플라스틱, 농약, 페인트 등을 만드는데 사용되는

원료인 브로마인은 전 세계 소비량의 26%가 사해에서 생산되며, 비누와 비료 등을 만드는데 사용되는 포타시움은 전 세계가 100년 이상 쓸 수 있는 양이 사해에 있다고 한다. 이스라엘은 사해 근처에 공장을 세워 사해 속에 있는 여러 가지 광물질을 추출하여 세계로 수출하고 있다. 그 외에도 사해의 광물질은 질병의 치료에도 효과가 있어 많은 사람들이 이곳을 찾는다고 한다.

사해는 미용에 좋은 진흙이 해변에 깔려 있다. 이집트 여왕 클레오파트라도 노예를 시켜 정기적으로 진흙을 가져오도록 해서 아름다움을 유지했다고 한다. 일행들 가운데는 진흙의 효능에 대해 듣고 온몸에 진흙을 찍어 바르는 사람들도 있었다. 진흙을 바른 사람들의 모습은 흡사 아프리카 토인처럼 보였다. 서로를 보며 웃으며 각자의 모습에 대해 평을 한다. 아름다워지고 싶은 마음은 지위 고하, 신분에 상관없는 최고의 욕망인 모양이다.

33 ◦ 여리고

성경에 기록된 여러 성읍 중에 여리고처럼 많이 기록된 곳도 드물 것이다. 이스라엘 백성이 애굽에서 나와서 가장 먼저 차지한 곳이 바로 여리고 성이다. 여리고는 요단 계곡 서쪽에 위치한 성읍으로 여호수아가 정복한 후 베냐민 지파에게 주어졌고, 에브라임 지파와는 경계 성읍이 되었다.

성경에 나타난 여리고에 대해 잠시 살펴보면, 여호수아가 여리고를 점령하기 위해 정탐꾼을 보낸 곳으로 두 사람의 정탐꾼이 기생 라합의 도움으로 무사히 여리고를 빠져 나올 수 있었다(수 6:25; 히 11:31). 이스라엘 백성은 하나님의 명령대로 여리고 성을 격파하고(히 11:30), 여호수아는 여리고 성을 건축하는 자에게는 저주가 임할 것이라고 예언했다(수 6:26). 이 예언대로 여리고 성을 건축하던 벧엘 사람 히엘은 맏아들 아비람과 막내아들 스굽을 잃으므로 그 예언처럼 되었다(왕상 16:34). 다윗에게 여리고는 새로운 기억의 장소이다. 암몬 왕의 죽음에 조의를

표하기 위해 간 다윗의 사신들이 암몬 왕 하눈으로부터
수염 절반이 깎이고, 그들의 옷도 허리 밑부분이 잘려 양
쪽 엉덩이와 부끄러운 부분이 드러나는 수치를 당하자 다
윗은 신하들에게 여리고에서 수염이 자란 후에 돌아오도
록 명령했다(삼하 10:4-5). 예수님께서도 여리고에서 사역
을 하셨는데 소경을 고쳐 주셨다(마 20:29-34). 그리고 삭
개오의 집이 여리고에 있었다(눅 19:1-10). 선한 사마리아
인의 비유에서도 여리고가 언급되었다(눅 10:30).

여리고에 있는 엘리사의 샘

일행은 옛 여리고 성터가
있었던 곳에서 기념 촬영을
했다. 여리고 성터의 앞쪽에
는 종려 성읍이라고 할 만한
10m 이상 되는 종려나무들이
서 있고, 다른 지역과는 달리
푸른 녹지의 모습을 보이고
있다. 여리고에는 '엘리사의
샘'이 있는데, 여기서는 분당
4,000ℓ 이상의 물이 솟아나
여리고를 푸른 숲으로 만들어 사막 속에 이국적인 정취를
느끼게까지 한다.

여리고 입구에는 '삭개오 나무'라고 일컫는 나무가 서
있는데 그 나무는 돌무화과나무로 철책으로 둘러싸여 있
었다. 예수님을 보기 위해 삭개오가 올라갔던 나무라고

단정하기는 어렵지만 언제부턴가 사람들은 이 나무를 삭개오 나무라고 부르기 시작했다고 한다.

여리고는 토양이 비옥해 여러 가지의 과일이 많이 난다. 오렌지와 야자열매 등.

지금 우리는 주먹보다 큰 오렌지를 먹으며 다음 장소를 향해 달리고 있다.

34 · 시험산

　여리고 성터의 건너편에 바라다보이는 산이 예수님께서 마귀로부터 시험을 당하신 시험산이라고 한다. 예수님을 시험한 내용을 성경을 통해 잠시 살펴보도록 하자.

"그때에 예수께서 성령에게 이끌리어 마귀에게 시험을 받으러 광야로 가사 사십 일을 밤낮으로 금식하신 후에 주리신지라 시험하는 자가 예수께 나아와서 가로되 네가 만일 하나님의 아들이어든 명하여 이 돌들이 떡 덩이가 되게 하라 예수께서 대답하여 가라사대 기록되었으되 사람이 떡으로만 살 것이 아니요 하나님의 입으로 나오는 모든 말씀으로 살 것이라 하였느니라 하시니 이에 마귀가 예수를 거룩한 성으로 데려다가 성전 꼭대기에 세우고 가로되 네가 만일 하나님의 아들이어든 뛰어내리라 기록하였으되 저가 너를 위하여 그 사자들을 명하시리니 저희가 손으로 너를 받들어 발이 돌에 부딪히지 않게 하리로다 하였느니라 예수께서 이르시되 또 기록되었으되 주 너의 하나님을 시험치 말라 하였느니라 하신대 마귀가 또 그를 데리고 지극히 높은 산으로 가서 천하 만국과 그 영광을 보여 가로되 만일 내게 엎드려 경배하면 이 모든 것을 네게 주리라 이에 예수께서 말씀하시되 사탄아 물러가라 기록되었으되 주 너의 하나님께 경배하고 다만 그를 섬기라 하였느니라 이에 마귀는 예수를 떠나고 천사들이 나아와서 수종드니라"(마 4:1-11).

예수님을 향한 마귀의 시험은 세 가지였다. 돌로 떡을 만드는 것, 성전 꼭대기에서 뛰어내리는 것, 마귀에게 경배하라는 것이었다. 예수님은 이 시험에 대해 "기록되었으되"라고 언제나 하나님의 말씀으로 이기셨다(신 8:3; 마 4:7; 신 6:13).

하나님의 말씀의 능력을 모르는 사람은 결코 변할 수 없다. 인생을 변화시킬 뿐 아니라 마귀를 쫓을 수 있는 힘이 바로 하나님의 말씀 가운데 있기 때문이다.

"하나님의 말씀은 살았고 운동력이 있어 좌우에 날선 어떤 검보다도 예리하여 혼과 영과 및 관절과 골수를 찔러 쪼개기까지 하며 또 마음의 생각과 뜻을 감찰하나니"(히 4:12)

"너희가 거듭난 것이 썩어질 씨로 된 것이 아니요 썩지 아니할 씨로 된 것이니 하나님의 살아 있고 항상 있는 말씀으로 되었느니라"(벧전 1:23).

눈앞에 있는 시험산은 풀 한 포기 없는 붉은 산으로 삭막하기 이를 데 없다. 예수님께서 계셨다는 동쪽 기슭 동굴 윗편에 6세기경 교회가 생겼으나 13세기에 없어지고 1874년 희랍 정교회에서 세운 수도원이 남아 있다고 한다. 하나님의 사역을 하기 전에 예수님이 시험을 받았던 시험산은 오늘도 우리 일행에게 무엇인가 말하고 싶은 것이 있는 신앙의 선배처럼 느껴진다. 시험을 이긴 신앙의 선배들 아브라함, 엘리사, 욥처럼 ….

35 • 야곱의 우물

예수님께서 오셔서 33년 동안 사역을 하신 이스라엘에는 예수님을 믿는 자가 전 국민의 1.8%로 2-3천 명 정도밖에 되지 않는다고 한다. 그런 점에서 이스라엘은 한국교회를 부르고 있는지도 모르겠다.

버스는 여리고를 떠나 요단강을 향하고 있다. 잠시 여리고에 대해 몇 가지 적고 다음으로 넘어가자. 여리고의 지금 현재 인구는 14,000명이라고 한다. 1967년 이전에는 거의 7만 명이 살았으나 6일 전쟁 이후 급격히 감소하였다고 한다. 그리고 인구의 대부분이 아랍인들이라고 한다. 이곳에 살던 팔레스타인 사람들은 지금 요르단으로 건너가 요르단 인구의 60%를 점하고 있다고 한다.

지금 우리가 달리고 있는 길이 세겜으로 가는 길이라고 이 목사님께서 말씀하신다. 세겜 또한 그냥 지나칠 수 없을 만큼 많은 사연을 가진 곳이다. 세겜은 에발산과 그리심산 사이에 있는 성읍으로, 야곱이 외삼촌 라반의 집을 떠나 이곳에 이르러 하몰에서 밭을 사서 장막을 치고 거주하는 중에 하몰의 아들 세겜이 야곱의 딸 디나를 욕보이므로 야곱의 아들들이 성중의 모든 남자를 죽이고 모든 재산을 약탈하였던 곳이다. 로마 시대에는 이곳을 '니아볼리' 라 하고 터키 시대에는 '니블루스' 라 한 것이 오늘에 이르렀다(창 34:25-29).

30분쯤 후에 야곱이 판 우물이 있는 곳이라며 이 목사님께서 설명을 시작하셨다. 야곱의 우물은 예수님께서 사마리아 여인을 만나 물을 달라고 요구한 바로 그 우물이다. 요한복음 4장을 살펴보자.

"사마리아에 있는 수가라 하는 동네에 이르시니 야곱이 그 아들 요셉에게 준 땅이 가깝고 거기 또 야곱의 우물이 있더라 예수께서 행로에 곤하여 우물곁에 그대로 앉으시니 때가 제 육시쯤 되었더라 사마리아 여자 하나가 물을 길러 왔으매 예수께서 물을 좀 달라 하시니"(요 4:5-7)

현재 있는 야곱의 우물은 세겜(니블루스)에서 1Km 떨어진 지점에 위치하고 있는데 우물의 깊이는 27m에 달한다고 한다. 이 우물을 지하실 가운데 두고 헬레나 왕후가 교회를 세웠으나 파괴되고, 1187년에 십자군에 의해 다시 세워졌으나 역시 파괴되고, 1860년 희랍 정교회에서 이 땅을 확보하여 지하실만 복원하고 1914년에 시작된 교회 공사는 아직까지 완공시키지 못하고 있다고 한다. 지금도 이 물은 생생하고 감미롭다고 한다. 예수님께서 하신 말씀이 기억난다.

"이 물을 먹는 자마다 다시 목마르려니와 내가 주는 물을 먹는 자는 영원히 목마르지 아니하리니 나의 주는 물은 그 속에서 영생하도록 솟아나는 샘물이 되리라"(요 4:13-14).

36 ⁎ 요단강

요단강은 팔레스타인 최대의 강으로 여름에도 눈이 녹지 않는 헐몬산에서 발원하여 갈릴리 호수를 거쳐 사해에 이른다. 북쪽 요단의 수원에서 하구의 사해까지는 직선 거리로 217Km이며, 강의 굴곡과 경사 때문에 400Km 이상 된다. 그리고 갈릴리 호수에서 사해까지의 직선 거리는 104Km이지만 경사와 굴곡을 합친 총 길이는 256Km에 이르며 강의 평균 폭은 30m이다.

성경에 나타난 요단강과 연관된 사건을 살펴보면 다음과 같다.

첫 번째, 아람 나라의 군대장관 나아만이 요단강에서 몸을 씻고 문둥병이 깨끗이 나았다.

"나아만이 이에 내려가서 하나님의 사람의 말씀대로 요단강에 일곱 번 몸을 잠그니 그 살이 여전하여 어린아이의 살 같아서 깨끗하게 되었더라"(왕하 5:14).

두 번째, 야곱이 요단강을 건너갔다.

"나는 주께서 주의 종에게 베푸신 모든 은총과 모든 진리를 조금이라도 감당

할 수 없사오나 내가 내 지팡이만 가지고 이 요단을 건넜더니 지금은 두 떼나 이루었나이다"(창 32:10).

세 번째, 애굽을 나온 이스라엘 백성이 법궤를 앞세우고 요단강을 건너갔다.

"궤를 멘 자들이 요단에 이르며 궤를 멘 제사장들의 발이 물가에 잠기자 곧 위에서부터 흘러내리던 물이 그쳐서 심히 멀리 사르단에 가까운 아담 읍 변방에 일어나 쌓이고 아라바의 바다 염해로 향하여 흘러가는 물은 온전히 끊어지매 백성이 여리고 앞으로 바로 건널새"(수 3:15-16)

네 번째, 압살롬의 반란으로 다윗이 건너갔다.

"다윗이 일어나 모든 백성과 함께 요단을 건널새 새벽에 미쳐서 한 사람도 요단을 건너지 못한 자가 없었더라"(삼하 17:22).

다섯 번째, 엘리야가 요단강을 갈라지게 했다.

"엘리야가 겉옷을 취하여 말아 물을 치매 물이 이리저리 갈라지고 두 사람이 육지 위로 건너더라"(왕하 2:8).

여섯 번째, 엘리사가 요단강을 갈라지게 했다.

"… 저도 물을 치매 물이 이리저리 갈라지고 엘리사가 건너니라"(왕하 2:14).

일곱 번째, 세례요한이 요단강에서 세례를 주었다.

"이 일은 요한의 세례 주던 곳 요단강 건너편 베다니에서 된 일이니라"(요 1:28).

여덟 번째, 예수님께서 요단강에서 세례를 받으셨다.

"그때에 예수께서 갈릴리 나사렛으로부터 와서 요단강에서 요한에게 세례를 받으시고"(막 1:9).

　　하나님의 사랑을 받던 신앙의 선배들이 변함없이 신앙
의 길을 걸어갔듯이 오늘도 요단강은 신앙의 선배들을 만
나던 그때처럼 변함없이 자기의 일을 하고 있는 것이다.

요단강 앞에서

A pilgrimage to the Holy Land in Israel

37 • 베드로 고기

요단강을 뒤로 하고 일행은 티베리아 시내로 향했다. 점심 식사를 하기 위함이었다. 티베리아는 갈릴리 호수 서안에 위치하고 있으며, 주후 17년 헤롯 왕의 아들인 헤롯 안티파스가 갈릴리와 베뢰아 두 지역의 수도로 사용하기 위해 건설한 도시로 로마 황제 티베리아스의 이름을 따서 도시 이름을 정했다. 이곳 티베리아는 사람들의 각광을 받는 휴양도시이다. 티베리아 중심지로 들어서니 부서진 성곽이 옛 모습을 그대로 드러내 보이고 있었다. 이는 옛것에 대한 집착으로 볼 수 있을 것이다. 유대인들은 티베리아가 세워진 후 처음에는 살기를 거부했으나 주후 70년 예루살렘이 파괴된 후에는 유대인들이 모여들어 활동의 중심지가 되었다. 특히 지식인들이 이곳에 모여 구약 율법에 대한 구전을 집대성한 '미쉬나'를 주후 200년경에 완성하였고, 미쉬나에 대한 해설서라고 할 수 있는 '탈무드'를 주후 5세기 경에 완성하였을 뿐 아니라, 히브리어의 문법을 확립하여 모음과 구둣점도 이곳에서부터 사용하기 시작했다. 이처럼 티베리아는 유대인들에게 중요한 곳으로 4대 성 중의 하나로 치는 곳이기도 하다. 현재 이곳의 인구는 3만 명에 이른다고 한다.

예수님께서도 이 티베리아(디베랴)를 찾으신 기록이 성경에 있다. 티베리아 바다 건너편으로 가셔서 물고기 두 마리와 보리떡 다섯 개로 오천 명을 먹이신 내용이 요한복음 6장 1절부터 13절에 기록되어 있다. 그리고 예수님께서 부활하신 후에 티베리아 바닷가에 나타나셨다. 예수님께서 십자가에서 돌아가시자 제자들은 티베리아 바닷가로 고기를 잡으러 갔고, 예수님은 그곳까지 제자들을 만나기 위해 찾아가신 것이다.

"그후에 예수께서 디베랴 바다에서 또 제자들에게 자기를 나타내셨으니 나타내신 일이 이러하니라"(요 21:1).

시내에 있는 식당에서 점심을 먹었다. 특히 기름에 튀겨 나온 베드로 고기는 인상적이었다. 민물고기의 일종인 베드로 고기는 흑도미와 비슷하게 생긴 일종의 농어로서 (Bass) 베드로가 갈릴리 어부였던데서 유래한 이름이라고 한다. 특히 티베리아를 찾는 성지순례객들에게는 한 번 정도 이 베드로 고기가 올라온다고 한다. 아마 예수님도 이 생선을 많이 드셨을 것이다. 일행 중에 어떤 사람은 베드로 고기에 한국에서부터 가져온 고추장을 발라 먹는 사람도 있었다. 베드로 고기를 잡던 베드로를 향해 예수님은 "나를 따라오너라 내가 너희로 사람을 낚는 어부가 되게 하리라"(마 4:19)라고 말씀하신 것처럼 베드로 고기를 먹는 순례객들에게도 주님은 같은 말씀을 하시지 않을까?

38 • 갈릴리 호수

고등학교 다닐 때 교회에서 즐겨 부르던 찬송 가운데 갈릴리를 주제로 한 찬송이 있었다. 그 찬송을 부를 때면 갈릴리의 모습을 연상할 수 있었다.

"바람 불고 물결치는 파도소리 들릴 때에 그 먼 옛날 갈릴리로 나를 이끌도다 아름답다 갈릴리야 네 이름이 아름답다 주 예수님 사랑하던 갈릴리 이름 귀하다"

갈릴리 호수는 팔레스타인 북부에 있는 담수호로서 구약성경에는 '긴네렛 바다' 라고 불리워졌다(민 34:11). 갈릴리 호수는 지중해 해변보다 212m나 낮으며, 길이는 21Km이고 넓이가 12Km에 이르며, 모양은 수금처럼 생겼다. 신약 성경에서는 '게네사렛 호수' 라고 불렀다(눅 5:1). 예수님 당시의 갈릴리는 중요한 교통의 요지이며 비옥한 옥토와 아름다운 경치를 가지므로 많은 인구가 살았다고 한다. 지금도 이곳에서는 많은 농산물이 생산되는데 바나나, 오렌지, 올리브 등 여러 종류가 생산되고 있다.

베드로가 고기잡던 갈릴리 호수가에서 일행들과 찬양을 하고 있다.

갈릴리의 물은 이스라엘 전체의 젖줄이라고 할 수 있는데, 지프 세 대가 들어갈 수 있는 큰 송수관을 묻어서 360Km로 떨어진 '네게브 사막'까지 물을 운반하여 농사를 짓는다고 한다.

갈릴리 바다는 예수님의 사역과 밀접한 관계가 있는데, 예수님의 사역 중 많은 사건이 일어난 곳이다.

첫 번째, 제자들을 선택하신 곳이다. 베드로와 안드레, 야고보, 요한을 갈릴리 해변에서 부르셨다(마 4:18, 21).

두 번째, 복음을 전파하시면서 많은 이적을 행하신 곳이다(마 4:23).

세 번째, 많은 여인들이 예수님을 섬기던 곳이다(마 27:55).

네 번째, 예수님께서 하나님의 말씀을 전파하신 곳이다(눅 5:1).

다섯 번째, 부활하신 후 나타나신 곳이다(마 26:32).

갈릴리 바다 위를 떠다니는 관광선을 타고 가버나움으로 향했다. 배위에서는 스페인 계통의 사람들이 박수를 치며 찬양을 하고 있었다. 스페인어라 알아들을 수는 없어도 "아멘!" "할렐루야!"는 분명하게 알아들을 수 있었다. 아멘과 할렐루야를 연발하며 찬양하는 그들의 얼굴은 감사와 기쁨으로 가득 차 있었다. 그들의 찬양이 끝나자 우리 일행의 찬양이 시작되었다. 찬양은 갈릴리 바다를 압도하고 있었다. 얼마 후 박수를 치며 "꼬레아!"를 연발하는 소리가 들렸다.

39 • 가버나움

가버나움은 갈릴리 북쪽에 자리잡고 있다. 예수님께서 나사렛에서 배척을 당하신 이후 가버나움을 갈릴리 전도의 본부로 삼으셨다. 옛날 가버나움은 세관과 회당 뿐 아니라 주민들도 많이 살았다. 성경에 나타난 가버나움에 대한 사건들을 구체적으로 살펴보면 다음과 같다.

첫 번째, 시몬 베드로의 고향이다(막 1:29).

두 번째, 예수님께서 회당에 들어가셔서 가르치셨다(막 1:21).

세 번째, 갈릴리 전도를 위한 활동의 중심지였다(마 4:13-17).

네 번째, 예수님께서 생명의 떡에 관한 교훈을 하셨다(요 6:24-36).

다섯 번째, 심판을 예고하셨다(마 11:23-24).

가버나움은 예수님께서 병을 많이 고치신 곳으로도 유명하다. 성경에 기록된 내용을 살펴보자.

첫 번째, 백부장 하인의 문둥병을 고쳐 주셨다(마 8:5-

13).

두 번째, 베드로의 장모의 열병을 고쳐 주셨다(마 8:14-17).

세 번째, 거의 죽게 된 왕의 신하의 아들을 낫게 하셨다(요 4:46-54).

네 번째, 가버나움 회당에서 귀신 들린 자를 고쳐 주셨다(마 1:21-28).

다섯 번째, 중풍병자를 고쳐 주셨다(마 9:1-8).

여섯 번째, 그 외에도 많은 병자를 말씀으로 고치셨다(마 8:16-17).

특히 예수님께서 예언하신 마태복음 11장 23-24절 말씀은 그대로 이루어져 도시의 모습은 간 데 없고 사람들의 기억 속에 잊혀진지 오래 되었다. 지금 가버나움은 호숫가 종려나무들 속에 폐허로 남아 있다고 한다.

일행은 가버나움에 도착하여 처음으로 베드로의 집터 위에 세워진 '가버나움 새 교회'를 찾았다. 이 교회는 원형의 교회로 보통 닫혀 있으나 미사를 원하는 순례객들이 요청하면 열게 된다고 한다. 가버나움 새 교회 옆은 예수님이 당시에 설교하시던 회당이 있던 자리로 400년대에 다시 복원되었다. 특히 인상 깊은 것 중에 하나가 맷돌들을 모아 둔 유적이었다. 한국에서 사용하는 모양의 맷돌이 여기저기 있었다.

"두 여자가 매를 갈고 있으매 하나는 데려감을 당하고 하나는 버려 둠을 당할 것이니라"(마 24:41).

  예수님은 영혼을 실족케 하는 자는 연자 맷돌을 목에 달고 바다에 빠지는 것이 낫다고 하셨는데(눅 17:2) 이는 예수님의 모든 비유가 삶과 직결된 내용들임을 알 수 있다.

가버나움 회당의 유적. 서기 400년대에 건축된 유대인 회당

40 ● 오병이어 교회

오병이어 모자이크

예수님께서 오병이어의 기적을 행하신 장소에 세워진 교회가 타브가의 오병이어 교회이다. 이 교회의 유적은 1932년에 독일의 고고학자들이 갈릴리 북서편의 타브가라는 곳을 발굴하다가 서기 400년대에 건축된 교회의 유적을 발견했는데, 교회 바닥이 모자이크로 장식되어 있었다. 특히 놀라운 것은 오병이어의 기적을 상징하는 두 마리 물고기 사이에 둥근 모양의 떡들이 그려진 모자이크가 발견 되었다는 것이다. 독일 카톨릭 교회는 이 유적 위에 교회를 세웠다. 특히 오병이어의 모자이크가 있는 쪽에 교회의 제단이 위치하도록 설계하여 1936년에 이 교회를 세우고 오병이어 교회라고 부르기 시작했다. 오병이어 교회의 내관은 원래 모자이크를 그대로 살려서 비잔틴 교회풍을 드러내고 있다. 예수님께서 오병이어의 기적을 베푸셨던 내용이 있는 마태복음 14장 15-21절의 말씀을 잠시 묵상하자.

"저녁이 되매 제자들이 나아와 가로되 이곳은 빈 들이요 때도 이미 저물었으니 무리를 보내어 마을에 들어가 먹을 것을 사먹게 하소서 예수께서 가라사대 갈 것 없다 너희가 먹을 것을 주어라 제자들이 가로되 여기 우리에게 있는 것은 떡 다섯 개와 물고기 두 마리 뿐이니이다 가라사대 그것을 내게 가져오라 하시고 무리를 명하여 잔디 위에 앉히시고 떡 다섯 개와 물고기 두 마리를 가지사 하늘을 우러러 축사하시고 떡을 떼어 제자들에게 주시매 제자들이 무리에게 주니 다 배불리 먹고 남은 조각을 열두 바구니에 차게 거두었으며 먹은 사람은 여자와 아이 외에 오천 명이나 되었더라."

예수님은 말씀을 가르치는 일에 열성을 다하셨다. 육의 양식을 먹이시면서까지 영의 양식인 말씀을 가르치신 것이다. 회당, 바닷가, 빈 들, 산 위 어디든지 예수님은 최선을 다해 말씀을 가르치셨다. 조금 전 가버나움 회당에 이어 다시 이곳에 오니 말씀을 더욱 열정적으로 가르쳐야겠다는 생각이 든다.

회당의 3대 기능은 기도, 교육, 친교이다. 그런데 회당에는 부속실로 교육관이 있었다고 한다. 이처럼 회당 교육은 오늘의 이스라엘을 만드는데 큰 역할을 하였다. 하나님의 교회가 말씀을 바로 가르치지 않으면 그리스도인들이 이 세상에서 빛과 소금의 역할을 하지 못할 것은 너

무도 자명한 사실이다. 적당하게 신앙생활 해도 괜찮다는
생각이 교회와 가정, 사회, 더 나아가 국가를 파괴하는 요
인인 것이다.

41 • 베드로 수위권 교회

　예수님은 부활하신 후 고기 잡는 제자들을 만나셨다. 수제자인 베드로, 도마, 나다나엘과 세베대의 아들들과 또 다른 제자들에게 나타나셔서 오른편에 그물을 던지게 하시고 큰 물고기를 153마리나 잡게 하셨다. 그리고는 제자들과 함께 조반을 드신 후 베드로에게 "요한의 아들 시몬아 네가 나를 사랑하느냐"고 세 번 물으시고 "내 양을 먹이라"(요 21:15-17)고 하셨다. 바로 그 장소에 세워진 교회가 베드로 수위권 교회이다. 이 교회는 지금까지 본 교회 중에 가장 작은 교회였다. 검은 벽돌로 지은 이 교회는 '주님의 식탁'이라는 뜻을 가진 '멘사 도미니'라고 불리는 육중한 바위 위에 세워졌다. 이 바위는 예수님께서 부활하신 후 세 번째로 제자들에게 나타나셔서 함께 조반을 드신 바위로 "내 양을 먹이라"고 하신 바로 그 장소이다.

　예수님께서 베드로에게 내 양을 먹이라고 명령하시면서 먼저 물으신 것이 네가 나를 사랑하느냐는 질문이다. 주님을 사랑하지 않는 자가 주님께서 맡기신 양을 정상적으로 칠 수 없다는 사실을 그 누구보다 잘 아셨던 주님께서는 재차 확인을 통해 베드로 뿐 아니라 후세의 모든 그리스도인들에게 주시는 말씀일 것이다. 주님을 사랑하지 않는 자가 목회자가 되고 직분자가 되면 자신의 배만 채우는 삯꾼이 될 수밖에 없을 것이다. 교회내에서도 직분을 맡겼으나 주님을 사랑하지 않으니 자신의 기분대로 그만두기도 하고 내팽개치기도 하는 사람들을 자주 볼 수 있다. 주님은 우리가 함부로 대해서는 안 되는 분이다. 자신의 기분에 따라 행동하는 것이야말로 주님을 최고로 모욕하는 일임을 기억해야 한다.

베드로 수위권 교회. 베드로 수위권 교회는 갈릴리 지역에서 나는 현무암으로 건축되었다.

베드로 수위권 교회 앞에 있는 동상은 예수께서 세 번째로 제자들에게 나타나신 것을 묘사하고 있다. 이때에 비로소 베드로가 사역자로서 회복하는 계기가 된 것을 조각가는 표현하려고 애쓴 것 같다.

주님의 교회에서 섬기며 봉사하고 있는 자들은 각자 자문해 보아야 한다. 정말로 나는 주님을 사랑하는가? 아니면 나를 위해 교회를 이용하고 있는 것은 아닌가? 오늘날 주님보다 자신을 더 사랑하기에 더 열심히 일하는 사람도 많다. 문제는 바로 이런 자들에게서 생긴다.

"네가 나를 사랑하느냐?"

42 · 팔복 교회

갈릴리 호숫가 팔복산 위에 세워진 팔복 교회

예수님께서 산상 설교를 하신 산이 바로 팔복산이다. 팔복산은 갈릴리 호수 북쪽에 위치하고 있는데, 그 산의 형태는 수천 명이 앉아서 설교를 들을 수 있도록 완만하고 넓은 지형을 하고 있다. 이곳에 세운 팔복 교회는 1938년에 새로 건립되었으며 이태리의 프랜시스컨 수녀회에서 관리하고 있다. 팔복 교회에서 내려다보는 경치는 너무 아름다운 절경이다. 아름다운 자연 속에서 듣는 주님의 말씀은 듣는 이로 하여금 더 큰 감동과 감격을 주었을 것 같다. 사람들은 아름다움을 원한다. 그리고 아름다운 절경은 쉽게 잊지 못한다. 주님께서 이처럼 아름다운 곳에서 산상수훈을 말씀하신 이유가 바로 아름다운 절경을 항상 그리워하듯이 주님의 말씀도 잊지 말고 기억하며 매일 생각하라고 하신 것이 아닌가 하는 생각이 든다.

"심령이 가난한 자는 복이 있나니 천국이 저희 것임이요 애통하는 자는 복이 있나니 저희가 위로를 받을 것임이요 온유한 자는 복이 있나니 저희가 땅을 기업으로 받을 것임이요 의에 주리고 목마른 자는 복이 있나니 저희가 배부를 것임이요 긍휼히 여기는 자는 복이 있나니 저희가 긍휼히 여김을 받을 것임이요 마음이 청결한 자는 복이 있나니 저희가 하나님을 볼 것임이요 화평케 하는 자는 복이 있나니 저희가 하나님의 아들이라 일컬음을 받을 것임이요 의를 위하여 핍박을 받은 자는 복이 있나니 천국이 저희 것임이라"(마 5:3-10).

주님께서는 모든 하나님의 자녀가 복 있는 자들이 되기를 원하셔서 이 말씀을 하셨을 것이다. 그러나 세상 사람들이 추구하는 복은 주님께서 말씀하신 팔복과는 전혀 다른 방향이다. 세상에서 일시적으로 추구하는 복과 천국의 자녀들이 누릴 영원한 복과는 분명 그 깊이와 맛이 다를 것이다.

이 건물을 건축했다는 안토니오 바를루치는 어떻게 하면 주님의 말씀에 맞추어 건축할 것인가를 세심한 곳까지 신경을 쓴 것 같다. 팔각형 모양의 건물 중앙에는 둥근 지붕이 하늘을 향하고 있다. 그리고 돔 아래의 여덟 개 창문에는 팔복이 라틴어로 기록되어 있다. 모든 그리스도인 역시 자신의 삶속에 주님의 팔복을 효과적으로 적용할 수 있도록 인생 설계를 해야 할 것이다.

43 ˙ 티베리아의 밤거리

하루의 일과가 끝난 후 일행은 티베리아 시내의 요단
강 호텔에 투숙했다. 저녁 식사를 마친 후 티베리아(디베
랴) 바닷가로 산책을 나갔다. 일행이 묵고 있는 요단강 호
텔 옆 도로를 따라 걷기 시작했다. 도로는 온통 불빛에 휩
싸여 대낮처럼 밝았다. 먼저 느낄 수 있었던 것은 참으로
한가로운 도시라는 사실이었다. 거리에는 청춘 남녀를 위
시해서 어린이들과 늙은이에 이르기까지 쉼을 즐기고 있
었다. 먼저 아코디언을 켜고 있는 거리의 악사를 만났다.
그는 아무런 생각없이 오직 연주에만 열중하고 있지만 여
유 있어 보였다. 연주를 듣고 있는 사람도 마찬가지로 여
유 있게 음악을 감상하고 있었다. 한국의 거리와 대조되
는 모습이다. 얼마나 바쁜가? 그리고 무엇엔가 쫓기는 사
람처럼 바삐 다니는 사람들로 홍수를 이루고 있는데 ….
몇 걸음 가다 보니 자화상을 그려 주고 돈을 받는 사람이
손님을 기다리고 있었다. 그는 손님을 끌기 위해 불쾌감
을 주지 않았다. 조용히 기다리고 있었다. 손님이 없어도

조급하거나 불안해하는 기색을 찾아볼 수가 없었다. 나귀를 태워 주고 돈을 버는 젊은이를 만났다. 어린이들이 둘러서서 구경을 하고 있었다. 그 옛날 예수님도 이런 나귀를 타고 예루살렘에 입성하셨을 것이다. 조금 걷다가 보니 마차 주인이 다가와 마차를 타라고 했다. "NO!"라고 대답하니 순순히 물러갔다. 처음 보는 진기한 풍경들이 눈앞에 계속 전개된다. 한 가족이 길가 도로에 앉아 한가롭게 대화하는 모습, 아기를 안고 사랑을 속삭이는 젊은 부부, 인형처럼 깜찍하게 생긴 소녀의 천진 난만한 얼굴, 총을 차고 애인과 함께 걸어가는 군인, 아랍 여인과 데이트를 즐기는 젊은이, 맥주집 앞에서 헤어짐이 아쉬워서 몇 번이고 입맞춤을 하고 있는 연인 등 티베리아의 밤거리는 평화롭고, 조용하며, 질서 속에서 자유롭다. 비틀거리는 사람도 싸우는 사람도 고함을 치는 사람도 없다. 유대인 대부분이 총을 가지고 있으면서도 총기 사고를 찾아볼 수 없다는 유대인들의 침착성을 오늘밤 티베리아의 밤거리를 통해 다시 한번 확인한 것이다.

44 ∙ 다볼산

일행을 태운 버스는 예수님께서 처음 기적을 베푸신 가나를 향해 달리고 있다. 어젯밤에 본 티베리아의 밤거리는 아직도 머리 속에 아른거린다. 도로 오른편 멀리 보이는 산이 눈에 들어온다. '히트니온산'으로 십자군이 살라딘에게 패배한 곳이라고 한다. 조금 달리다 보니 왼편으로 또 하나의 산이 나타나는데 '다볼산'이다.

다볼산은 갈릴리 해변의 남서쪽 약 16Km 지점의 이스르엘 골짜기 가운데에 위치하고 있다. 다볼산은 해발 553m이며 산봉우리는 둥근 모양을 하고 있고 그 어떤 산보다 아름다움을 간직하고 있다. 드보라와 바락이 사사로 있을 때 드보라가 바락으로 하여금 군대를 소집하게 했고, 바락은 1만 명의 군대를 이끌고 다볼산을 내려가 가나안 군대 장관 시스라가 이끌고 온 철병거 구백 승과 모든 군대를 진멸시켰다(삿 4:6-16). 신약에서는 다볼산에 대한 기록이 없다. 그러나 예수님께서 변화하신 변화산이라는 전승이 있다. 이 전승은 기원후 326년 콘스탄틴 대제의 어머니 헬레나가 이곳에 처음으로 기독교식 수도원을 세움으로 더욱 유력해졌다. 이후 전쟁으로 건물이 파괴되고 현재는 예수님께서 변화하신 것을 기념하는 두 교회가 세워져 있다. 희랍 정교회에서는 1911년에 '엘리야 교회'를 세웠고, 카톨릭의 프랜시스컨 수도회에서는 이탈리아의 건축가 안토니오 바를루치에 의해 '다볼산 교회'를 세웠다. 이 교회는 세 부분으로 되어 있는데 하나는 예수님을 위해 또 하나는 모세를 위해 다른 하나는 엘리야를 위한 것으로 되어 있다.

하나님께서 만드신 산은 인간의 역사를 여러 가지 모양으로 바꾸기도 하고, 유익을 주기도 한다. 어제 갈릴리 해변에서 멀리 보이던 헤르몬산도 이스라엘에 큰 영향을 준 산임에 틀림이 없다. 잠시 헤르몬산에 대해 살펴보면 팔레스타인 북쪽에 위치한 해발 2,700m의 높은 산으로 우리 나라의 백두산과 그 높이가 비슷하다고 보면 좋을 것이다. 이 산은 거의 일년 내내 눈으로 덮혀 있고, 이곳으로부터 흘러내리는 물이 이 지역의 사람들에게 식수 공급과 농업 용수로 사용된다. 산은 언제나 자연의 모습을 그대로 보여 주고 있다. 그래서 사람들이 산을 찾고 산을 그리워하는 것이다. "산은 위대한 사도이다. 산은 무언 중에 광야에서의 소리와도 같이 하나님의 진리를 말한다."라고 한 롱펠로우의 말처럼 산은 창세로부터 변함없이 사람에게 스승의 역할을 해왔던 것이다.

A pilgrimage to the Holy Land in Israel

45 • 가나

갈릴리에는 여러 고을이 있다. 성경에 기록된 지역 가
운데 특별히 기억해야 할 곳 중에 하나가 바로 가나이다.
가나는 예수님께서 처음으로 이적을 행하신 곳으로 나사
렛과의 거리는 6Km 정도 떨어져 있는데, 현재는 아랍 사
람들이 살고 있다. 가나에 도착한 후 버스에서 내려 3분
정도 골목으로 들어가니 가나의 '이적 교회'가 나왔다.
바로 카톨릭의 프랜시스컨 교회이다. 교회 안으로 들어가
니 예수님께서 물로 포도주를 만들 때 사용된 6개의 돌항
아리 중에 하나라고 하는 것이 놓여 있었다. 현재의 교회
는 주후 6세기경에 세워졌는데, 예배당 안에는 4세기 경
에 있었던 모자이크 바닥이 그대로 남아 있었다.

"거기 유대인의 결례를 따라 두세 통 드는 돌항아리 여섯이 놓였는지라 예수
께서 저희에게 이르시되 항아리에 물을 채우라 하신즉 아구까지 채우니 이제
는 떠서 연회장에게 갖다 주라 하시매 갖다 주었더니 연회장은 물로 된 포도
주를 맛보고 어디서 났는지 알지 못하되 물 떠온 하인들은 알더라 연회장이
신랑을 불러 말하되 사람마다 먼저 좋은 포도주를 내고 취한 후에 낮은 것을

이스라엘 성지순례 **133**

내거늘 그대는 지금까지 좋은 포도주를 두었도다 하니라 예수께서 이 처음 표적을 갈릴리 가나에서 행하여 그 영광을 나타내시매 제자들이 그를 믿으니라"(요 2:6-11).

예수님의 첫 번째 이적으로 제자들이 예수님을 믿게 되었다. 아마 그때까지도 제자들은 확신이 없었는지도 모른다. 첫 이적지 가나에 대한 성경의 기록을 살펴보면 다음과 같다.

첫 번째, 예수님께서 왕의 신하의 아들의 병을 고쳐 주신 곳이다. 이 기적은 갈릴리로 오신 후 행한 두 번째 기적이다(요 4:46-54).

두 번째, 에브라임과 므낫세의 경계가 있던 작은 시내로 세겜의 서쪽에서부터 메얄곤강의 중류에서 합류하여 지중해로 흐르고 있다(수 17:9).

세 번째, 아셀지파의 성읍이었다(수 9:28).

교회 앞에는 기념품 센터가 있는데 포도주를 팔고 있었다. 어떤 목사님은 교회에서 성찬식에 사용 해야겠다고 하며 포도주를 사기도 했다. 예수님께서 기적을 행하신 장소가 지금은 너무나 조용하다. 오래되어 허름하게 된 골목길을 걸어 나오면서 처량한 마음이 들었다. 거리를 걷고 있는 저 아랍인들은 예수님이 어떤 분이신지 알고나 있을까? 그저 관광 수입을 올려 주는 고마운 옛 선지자 정도로 알고 있다니 이 얼마나 안타까운 일인가?

46 • 나사렛

예수님의 고향인 나사렛에 도착하여 성 수태고지 교회를 향해 걸었다. 수태고지 교회로 가기 위해서는 시장을 지나야 했다. 시장에는 갖가지 과일과 상품들이 진열되어 있고, 특히 거리에 빵 굽는 집이 많았다. 다른 어느 지역보다 친근감이 가는 것은 이곳에 사는 아랍인들의 70% 정도가 기독교인이라고 하니, 과연 예수님의 고향이라는 생각이 들었다. 구약 성경에는 나사렛에 대한 언급이 전혀 없다. 그러나 예수님의 고향이 되면서 나사렛은 세계적으로 유명한 곳이 되었다. 예수님 당시 나사렛의 인구는 200-300명 정도 밖에 안 되었을 것이라고 하니 참으로 보잘 것 없는 동네였음을 상상해 볼 수 있다. 그러나 현재 나사렛에는 약 사만 명에 가까운 아랍 사람들이 살고 있다고 한다. 그뿐 아니라 히브리어로 크리스천을 '노즈리(Notzri)'라고 부르는데 이는 '나사렛 사람'이라는 뜻이다. 그리고 나사렛에 이스라엘 공산당 본부가 있다는 이야기도 들었다. 그러나 아직도 국회의원은 단 한 명도

내지 못하고 있다고 한다. 공산주의자들이 주장하는 유물론은 주님의 뜻과는 정반대의 주장이다. 그런데 예수님의 고향에 공산당 본부가 있다는 것은 우스운 일이 아닐 수 없다.

성경에 나타난 나사렛에 대해 잠시 생각해 보기로 하자.

첫 번째, 나사렛은 다른 사람들로부터 무시 당할 만큼 보잘것없는 지역이었다. 주님의 제자 빌립이 나사렛 예수님을 친구 나다나엘에게 소개하자 "나사렛에서 무슨 선한 것이 날 수 있느냐"(요 1:46)라고 혹평했던 지역이다.

두 번째, 애굽에서 돌아와 복음을 전하시기 전까지 사셨던 곳이다(마 2:21-23). 베들레헴의 말구유에서 태어나신 예수님이 헤롯의 박해를 피하여 애굽으로 갔다가 주의 사자가 이르는 대로 정착한 곳이 바로 나사렛이다.

세 번째, 예수님께서 환영 받지 못하신 곳이다. 나사렛은 특별히 예수님을 환영하지 않았다. 예수님께서 나사렛 회당에서 말씀을 전하셨을 때에 회당 사람들이 분이 가득하여 동네 밖으로 쫓아내고 산 낭떠러지에서 밀치려고까지 했다(눅 4:16-30). 그런데 오늘날에는 전 이스라엘을 통틀어 기독교인이 가장 많은 지역이 되었으니 하나님의 역사는 참으로 오묘하다.

47 ● 성 수태고지 교회

나사렛의 성 수태고지 교회

　　나사렛의 중심이라 할 수 있는 교회는 성 수태고지 교
회이다. 천사가 동정녀 마리아에게 예수님의 수태 사실을
알려 주었다는 장소이며 마리아가 살던 집터라고 전해지
는 곳에 성 수태고지 교회가 서 있다. 본래 마리아의 집터
에 콘스탄틴 대제의 어머니 헬레나의 요청에 의해 4세기
에 교회가 세워졌으나, 성지내의 다른 교회와 마찬가지로

전쟁으로 파괴되었다. 현재 있는 성 수태고지 교회는 1955년에 공사가 시작되어 1969년에 완성한 교회로 이스라엘 내의 교회 중에는 최대 규모의 교회이다. 크기는 폭이 30m, 길이가 70m나 된다. 이 건물은 교회 건축가로 유명한 이탈리아의 '죠반나 무치오'가 설계를 하였다. 교회 앞 부분에는 예수님의 전기가 조각되어 있고 내부에 들어가서 뾰족탑을 쳐다보면 그 모양이 백합꽃의 모습을 하고 있는데, 백합꽃이 하늘에서 내려오는 느낌을 준다. 그리고 더욱 인상 깊은 것은 각 나라에서 보내온 성화가 교회 벽면에 붙어 있었다. 각 나라의 그림은 그 나라의 의상으로 예수님과 마리아를 표현하고 있었다. 특히 우리 나라에서 보낸 성화는 한복을 입은 마리아가 색동옷을 입은 아기 예수님을 안고 있었다.

성 수태고지 교회 안에 있는 한국인의 모습으로 그린 성화. 벽면에는 전 세계로부터 보내온 토착화 된 성화들로 가득 차 있다.

138

성 수태고지 교회 내에 '요셉 교회'가 있었다. 이곳은 요셉의 목공소가 있던 장소라고 한다. 이 교회는 1914년에 봉헌되었고, 교회의 지하층에는 예수님 당시의 물 저장소와 곡식 저장소가 있었다. 예수님께서도 이곳에서 목수 일을 도왔을 것이라고 설명하는 이 목사님이 오늘날 교회가 예수님의 가정처럼 모범적인 가정들이 많아져야 교회도 힘있게 복음 사역을 하지 않겠느냐고 힘주어 강조하는 부분에서 크게 공감했다.

성 수태고지 교회 북쪽에 또 하나의 교회가 있다. 이 교회는 희랍 정교회 소속인 '가브리엘 교회'이다. 이 교회 건물 안쪽에 마리아가 매일 물을 길었다는 샘이 있는데, 마리아가 이곳에 물을 길러 왔을 때 가브리엘 천사가 예수님의 수태를 예언하였다고 희랍 정교회에서는 믿고 있으므로 이곳에 가브리엘 교회를 세웠다고 한다.

나사렛을 떠나며 머릿속을 맴도는 한 가지는, 성 수태고지 교회에 걸린 각 나라의 성화이다. 예수님과 마리아의 모습이 여러 모양으로 달랐다. 그런데 부유한 나라일수록 그림의 크기와 형태와 재질이 다른 것 같았다. 그리고 붙어 있는 장소까지 … . 그러나 주님은 형태나 규모보다 사랑의 마음이 깃든 그림을 가장 좋아하실 것이라는 생각을 하며 다음 목적지를 향해 버스에 몸을 실었다.

48 ● 므깃도

이스라엘의 곡창 지대하면 이스르엘 평야를 들 수 있다. 이스르엘 평야 가운데로 흐르는 강이 '기손강'이다. 기손강이 이스르엘을 기름지게 하는 원천이 된다. 이스르엘 평야는 북쪽 갈릴리 산악지대와 남쪽의 사마리아 산악지대 중간에 있는 비옥한 평야로 주변 국가들이 이 평야를 장악하기 위해 수많은 전쟁을 벌일 만큼 중요한 지역이다. 그런데 이스르엘 평야를 차지하기 위해서는 반드시 므깃도 언덕을 차지해야 했다. 이 므깃도 언덕을 빼앗기 위해 적어도 수십 번의 전쟁이 있었고 므깃도는 24회 이상 파괴되었다고 한다. 평화스러워 보이는 이스르엘 평야를 바라보는 순례객들은 자연의 정취에 빠져들 수밖에 없을 것이다. 그러나 이곳이 전쟁의 장소로 수많은 사람들이 죽어간 피비린내 나던 곳이라니 도무지 상상할 수 없을 것 같다. 므깃도에는 말들을 훈련시킨 마병장이 아직도 옛 모습을 어렴풋이 보여주고 있었다. 말들의 고삐를 매는 돌기둥과 물을 먹이던 물통이 늘어서 있었다. 450

마리의 말과 150병거를 수용할 수 있는 규모로 그 당시 기병대 육성에 힘쓴 흔적을 살펴볼 수 있었다. 그리고 또 하나의 인상 깊은 것은 지하 터널을 이용해서 물을 사용

므깃도의 지하 터널

한 것이다. 이 수로는 아합 왕이 만들었다고 한다. 원래 성 바깥에 지하 샘이 있었으므로 이 샘의 물을 성안으로 끌어들이기 위해 성안에서 60m 정도 땅속으로 파고 들어가서 다시 성 밖의 샘을 향해 파들어 갔는데, 안으로 들어가니 거대한 암석을 파고 들어간 흔적을 살펴볼 수 있었다. 120m에 달하는 지하 터널을 오차없이 정확하게 팔 수 있는 기술은 참으로 놀라운 것이었다. 이 수로 장치의 완성으로 성 밖에 있는 적군은 전혀 알 수 없는 상태에서 성내에서는 자유롭게 물을 사용하게 된 것이다. 이 수로는 삼천 년이 지난 오늘날까지도 잘 보존되고 있다.

성경에 나타난 므깃도에 대해 살펴보면 다음과 같다.

첫 번째, 여호수아가 정복한 땅이다(수 12:21).

두 번째, 므낫세 지파에게 분배된 땅이다(수 17:11).

세 번째, 솔로몬이 므깃도에 성읍을 건축하였다(왕상

9;15).

네 번째, 아하시야 왕과 요시야 왕이 죽은 곳이다(왕하 9:27, 23:29-30).

다섯 번째, 요한 계시록에 장차 일어날 아마겟돈 전쟁의 현장으로 기록되어 있다(계 16:16).

결국 아름다운 므깃도는 잔악한 인간들에 의해 유린된 가엾은 장소인 것이다.

이스르엘 평원의 관문 므깃도

49 · 갈멜산

엘리야와 바알 선지자가 겨루었던 곳이 바로 갈멜산이
다. 갈멜산에 있는 '엘리야 수도원'으로 가는 길은 차 두
대가 겨우 지나갈 정도로 포장된 좁은 길이었다. 길 주변
은 나무들과 덤불로 숲을 이루고 있었다. 갈멜이란 뜻은
'하나님의 포도원'이란 의미를 가지고 있는데 과연 주위
에 많은 과일나무와 포도원들이 늘어져 있는 것을 볼 수
있었다. 갈멜산의 정상은 552m로 북쪽과 동쪽은 경사가
가파르기 때문에 경작할 수가 없고, 남쪽과 서쪽은 바다
에 이르기까지 비옥한 계곡을 이루는 평원으로 연결된다.
갈멜산은 므깃도와는 달리 군사 목적으로는 별 가치가 없
는 산이다. 삼면으로 그 기슭에서부터 뻗어 있는 평원과
함께 삼각형 형태를 이루고 있으므로 정상에서는 군대가
올라오는 위치를 파악할 수 없기 때문이다. 그리고 갈멜
산의 울창한 숲과 많은 동굴은 도망자들의 은신처가 되었
고, 예배 처소로도 사용되었다고 한다.

갈멜 수도원 안에 있는 엘리야 동굴

엘리야 수도원에는 엘리야 석상이 있었는데, 엘리야가 들고 있는 칼의 끝 부분이 휘어져 있었다. 이는 엘리야가 바알과 아세라 선지자들을 너무 많이 죽여 칼이 휘어진 것이라고 한다.

수도원 옥상에 올라가니 막힌 마음을 시원하게 터뜨려 줄 광활하고 아름다운 이스르엘 평야가 눈앞에 드러났다. 수도원 내부에는 조그만 제단이 있고, 벽에는 바알 선지자들이 기우제를 드리는 모습과 엘리야 선지자의 제단 위에 불이 내려와 제물을 태우는 모습 그리고 기손강에서 바알 선지자들을 죽이는 모습 등이 조각되어 있었다. 지금 현재 세워진 엘리야 수도원은 카톨릭의 까르멜파에 소속되어 있는데 1886년에 세워졌다고 한다.

성경에 비유된 갈멜산은 아름다움의 상징으로 그 내용을 살펴보면 다음과 같다. 아름다운 결실(사 35:2), 힘을 상징(렘 46:18), 아름다운 여인의 머리(아 7:5), 행복과 평화를 상징(렘 50:19) 그리고 다윗이 미망인이 된 나발의 아내 아비가일과 결혼한 장소이기도 하다(삼상 27:3).

갈멜산에 있는 엘리야 선지자 상 앞에서

50 ● 가이사랴

가이사랴는 갈멜산에서부터 남쪽으로 36.8Km 지점
에 위치하고 있는 항구로 헤롯 왕이 주전 20년에 건설한
도시이다. 가이사랴가 지중해의 중요한 항구가 될 수 있
었던 것은 헤롯이 만든 600m의 방파제 때문이었다고 한
다. 심한 파도 가운데 이러한 방파제를 만들 수 있었던 것
은 참으로 놀라운 일이라고 한다.

가이사랴에 남아있는 로마 시대의 수로. 12Km 떨어진 갈멜산
지역에서 가이사랴로 물을 끌어들였다고 한다.

가이사랴에 건설된 또 하나의 명물은 수로인데, 12Km 떨어진 갈멜산으로부터 수로를 이용하여 가이사랴 사람들의 식수로 사용하였다고 한다. 일행은 지중해변을 따라 만들어진 이 수로 앞에서 기념 촬영을 했다. 그리고 수로 안으로 들어가서 사진을 찍기도 했다.

　가이사랴에 형성된 성채의 모습은 새로운 느낌을 주었다. 이 성채는 십자군 시대의 성채로 십자군이 이슬람군에게 패배한 후에(1291년) 이슬람 교도들에 의해 완전하게 파괴되고 600년 이상 모래 속에 파묻혀 있다가 1956년부터 발굴되기 시작했다. 그리고 가이사랴의 발굴 때 본디오 빌라도 비석이 발굴되었는데, 이 비문은 가이사랴에 살면서 유월절에 예루살렘을 방문하여 예수님께 사형을 선고한 빌라도에 대한 최초의 역사적인 근거가 된다고 한다.

　일행은 성채를 살펴본 후 야외 원형 극장으로 갔다. 그곳에서 매년 여름마다 이스라엘 국제 음악회가 열린다고 한다. 세계적인 지휘자 주빈 매타와 같은 정상급 음악가들이 이곳에서 연주를 하였다고 하니 참으로 뜻 깊은 곳이다. 마침 그곳에 성지순례를 온 서구의 한 팀이 같이 있어 구경을 하게 되었다. 우리 일행 중에 한 목사님이 나가서 독창을 하고 들어오니, 그 쪽 팀의 여성 한 명이 나와 소프라노 음성으로 멋지게 명곡을 뽑았다. 모인 순례객들은 박수로 "앵콜!"을 외치며 즐거운 시간을 보냈다. 특히 가이사랴는 성경의 여러 인물과 연관이 된 곳이기도 하다. 특히 베드로가 여기 주둔하고 있던 백부장 고넬료에게 세례를 베풀었던 곳이며, 사도바울이 로마로 압송되기 전에 2년동안 감옥에서 총독과 황제에게 상소한 곳이기도 하다.

성경에 나타난 내용을 좀더 자세하게 살펴보면 가이사랴는 빌립이 거주했던 곳(행 8:40), 백부장 고넬료가 살던 곳(행 10:1), 팔레스타인 지역의 로마 행정의 중심지(행 23:33), 베드로가 복음을 전한 곳(행 10:34-43), 바울이 방문하고 구류된 곳(행 9:28-30, 18:22, 23:33, 25:4)이다.

가이사랴 야외 원형 극장

51 • 마사다

마사다는 사해의 서해안에 위치한 엔게디의 남쪽 16Km 지점에 위치한 높이 450m, 폭 200m, 길이 600m의 난공 불락의 요새이다.

헤롯 왕이 마사다 절벽 부분에 건설했던 궁전의 일부

이 요새는 유다 마카베오의 동생이며 후계자인 대제사장 요나단(BC 161-142년)이 처음 만들었으며, 헤롯 왕 때에 비로소 사람들의 눈길을 끌게 된 요새이다. 헤롯은 마사다에 여러 가지 건축을 시작했다. 헤롯은 왕위를 노리는 유대인들의 반란을 막고, 자신의 왕위를 곤고히 하기 위해 마사다를 천연의 요새로 만들기 시작한 것이다.

난공 불락의 요새 마사다. 오른쪽 경사로가 로마 군대가 쌓은 토담 경사로.

마사다는 스스로 방어할 수 있는 자연적인 이점을 가지고 있었음에도 1,450m에 달하는 성벽을 쌓았다. 성벽 안에는 30개의 망대와 4개의 성문이 있다. 또한 $4,000㎥$

의 물을 저장할 수 있는 저수조를 만들었고 술, 기름, 곡
식을 저장할 수 있는 많은 창고를 만들었다. 그리고 궁전
도 만들었는데, 북쪽 궁전은 왕과 그 측근자들만을 위해
만든 궁전으로 북쪽 낭떠러지 위에 있는 3개의 단구 위에
세워졌고 호화로운 방들이 만들어져 있어 개인 별장과 흡
사한 곳이다. 서쪽 궁전은 마사다에 위치한 가장 큰 거처
로 행정과 기타 중요한 의식이 행해진 곳이며, 소궁전은
왕족이나 고관들의 거처로 사용되었고 그 외에도 호화스
러운 목욕탕, 회당, 세례를 받던 장소 등이 있다.

　유대인들이 반란을 일으키자(AD 66년) 로마 장군 디도
티투스가 예루살렘을 공격하여 함락시켰다. 저항하던
960명의 유대인들이 마사다로 이동하여 '엘리아살 벤 야
일'을 지도자로 하여 항전을 계속했다. 이에 로마는 실바
장군이 이끄는 10사단을 투입하였으나 지형 때문에 3년
동안 함락시키지 못하자 토담으로 경사로를 만들었고, 이
경사로를 타고 올라가 성문에 불을 지르고 성벽을 무너뜨
리기 시작했다. 이날 밤 엘리아살 벤 야일은 960명의 용
사들을 모아 놓고 항복하지 말고 자유인으로 떳떳하게 죽
자고 연설을 했다. 그들은 먼저 소유를 한데 모아 불살랐
고, 남자들이 가족 중 여자와 아이들의 목숨을 끊었다. 남
자들만 남게 되자 열 사람을 뽑아 나머지 남자들을 죽였
다. 이때 남자들은 죽은 가족을 안고 목을 내밀어 죽었다.
마지막 열 사람만 남게 되자 한 명을 제비 뽑아 나머지 아

홉을 죽이고 자신은 칼에 엎드려 자결했다. 이 사실은 역사가 요세푸스에 의해 기록되었는데, 이 사실이 알려질 수 있었던 것은 마사다가 함락되었을 때 죽지 않고 동굴 속에 숨어 있었던 2명의 여자와 5명의 어린이에 의해 밝혀졌다고 한다. 마사다는 1963년부터 발굴되기 시작하였고, 지금은 이스라엘 군대의 최종 훈련코스로 '다시는 되풀이하지 않겠다' 라고 외친다고 한다.

52 · 욥바

욥바는 예루살렘에서 북서쪽으로 지중해변 65Km 지점에 위치하고 있는 도시이다. 특히 욥바와 인접해 있는 텔아비브는 순수한 유대인들이 모여 사는 도시로 이스라엘의 중요한 상공업 도시이다. 욥바는 이와는 대조적으로 아랍계 사람 6만 명 정도가 살고 있는 구도시이다. 오래된 시가지는 현대식 건물로 꽉 찬 텔아비브와는 대조를 이루고 있다. 텔아비브에서 욥바 쪽으로 가는 도로 옆으로 길게 늘어선 해수욕장에는 수많은 사람들이 해수욕을 즐기고 있었다. 시내 중앙지에 있는 해수욕장은 이곳 사람들의 좋은 휴식처가 될 수 있을 것 같았다. 이곳의 직장인들은 언제나 수영복을 가지고 다니면서 점심 시간에 수영을 즐기고 다시 근무한다고 한다. 욥바는 구약시대부터 가나안 지역의 중요한 항구였다. 구약시대에 솔로몬이 레바논 백향목을 수입하던 항구가 바로 이곳이었다. 그러나 영국이 위임 통치를 하던 20세기에 들어서는 하아파항구가 발전하면서 그 기능을 양보하게 되었다.

일행은 욥바에서 '베드로 교회'를 찾았다. 베드로 교회는 1654년 카톨릭에서 세운 교회로 베드로가 욥바를 방문한 것을 기념하여 세웠다고 한다. 원래 이 자리에는 십자군 시대에 교회가 세워졌으나 다른 성지의 교회들처럼 파괴되고 다시 세운 교회라고 한다. 교회 안에는 조그만 서점을 운영하고 있었다. 그곳에서 참고될 만한 책 한 권을 샀다. 특히 이곳은 베드로가 이방 선교에 대한 부정적인 편견을 씻게 되는 환상을 본 곳이기도 하다. 해변으로 내려가면 베드로가 머문 피장 시몬의 집이 있다.

성경에 기록된 욥바와 연관된 사건들을 살펴보면 다음과 같다.

첫 번째, 단 지파에게 주어진 성읍이다(수 19:40).

두 번째, 솔로몬이 성전을 건축하기 위해 레바논의 백향목을 욥바항을 통해 들여왔다(대하 2:16).

세 번째, 요나가 니느웨에 가서 복음을 전하라는 하나님의 명령에 불순종하여 다시스로 가는 배를 탄 곳이다(욘 1:3).

네 번째, 베드로가 다비다라는 여제자를 살린 곳이다(행 9:36).

다섯 번째, 베드로가 피장 시몬의 집 지붕에서 기도 중에 환상을 통해 이방인에 대한 편견을 벗은 곳이다(행 10:5-23).

53 · 결혼

욥바의 베드로 교회를 방문한 후 욥바 시내에 있는 공원으로 산책을 나갔다. 공원 주위의 경치는 참으로 아름다웠다. 멀리 보이는 텔아비브시의 경치와 해변의 경치가 조화를 이루고 있었다. 텔아비브에서 가장 높은 32층 빌딩인 샬롬 타워가 우뚝 서 있었다. 공원에는 그렇게 많은 사람들은 보이지 않았으나 결혼을 앞둔 신랑 신부들이 사진을 찍고 있었다. 결혼식은 오늘밤에 거행되지만 사진을 미리 찍는 것이라고 한다. 결혼을 앞두고 사진을 찍는 그들의 모습은 모두 행복해 보였다. 웨딩 드레스를 입은 신부와 양복 정장을 한 유대인의 모습은 우리 일행의 호기심의 대상이 되기에 충분했다. 일행 중에 어떤 분들은 신랑 신부와 기념 촬영을 했다. 그들은 촬영을 마치고 오색 찬란하게 장식된 택시를 타고 어디론가 가는 것이었다. 아마 오늘 저녁 결혼식이 열리는 장소로 가는지도 모르겠다.

결혼은 하나님께서 만드신 제도로 인간에게는 가장 귀

한 축복이다. 그러므로 마태복음 19장 5-6절에서는 사람들이 함부로 나눌 수 없다고 말씀하고 있다. 그런데 오늘날 이혼하는 사람의 숫자가 너무 많다. 서구에서는 대체적으로 50%를 넘는다고 한다. 요즘 개방의 물결로 몸살을 앓고 있는 러시아까지 50%에 가깝게 이혼을 한다고 하니 큰 문제가 아닐 수 없다. 하나님께서 만드신 결혼 제도가 인간의 손에 의해 파괴되고 있는 것이다. 어쩌면 오늘날의 사랑은 내용보다 껍데기가 더 판을 치기 때문에 이런 일들이 많이 일어나는 것이 아닌가 싶다.

공원에서 본 유대인 신랑 신부들은 여러 포즈로 사진을 찍고 있었다. 다정하게 껴안기도 하고, 입을 맞추기도 했다. 그러나 내용 없는 포즈는 오래가지 못한다. 하나님께서 만드신 결혼의 의미 속에 가장 중요한 것은 배필이다. 상대방의 부족을 메우며 살아가라는 하나님의 뜻이 포함되어 있는 것이다. 잘못된 결혼은 불행을 자초한다. 불신 혼인 후에 하나님께서 대홍수를 내리셨다.(창 6:1-3) 이방인과의 결혼이 고통의 씨앗이 될 줄은 꿈에도 몰랐던 사람들이 있다. 에서(창 26:34-35), 솔로몬(왕상 11:3-4), 아합(왕상 16:31) 등등.

54 · 시내산

　호렙산으로 불리워지기도 하는 시내산은 모세가 하나
님께로부터 십계명을 받은 산이다. 모세는 시내산에서
40주야를 머물렀는데 이 산은 2,285m의 높이를 가지고
있는 높은 산으로 이집트인들은 이 산을 '제벨무사'라고
부르는데 이는 '모세의 산'이라는 뜻이다. 특히 시내산에
있는 '성 카타린 수도원'은 해발 1,528m 지점에 위치하
고 있는데, 이 수도원은 로마 황제 저스틴에 의해 557년
에 완공되었다. 4세기초 로마가 기독교를 박해할 당시 귀
족 가문에서 태어난 카타린은 용모와 학식이 뛰어난 여자
였다. 그러나 예수님을 믿으면서 황제의 우상 숭배를 반
대하게 되었고 황제는 이 여자를 회유하려고 했으나 실패
하자 죽이고 만다. 그런데 그녀의 시신이 천사에 의해 시
내산의 제일 높은 곳으로 옮겨졌다고 한다. 이 사건 이후
시내산 수도원이 성 카타린 수도원으로 이름이 바뀌게 되
었다. 그 외에도 성 카타린 수도원 내에는 '수도원 교회'
가 있다. 이 교회는 유스티니아누스 황제 때인 주후 6세

기에 건립되었는데, 교회 제단 뒤에는 불 붙는 떨기나무의 기념 예배당이 있고 지금도 맨발로 들어간다. 교회 전면 중앙에는 왼쪽부터 엘리야, 요한, 예수님, 베드로, 야고보, 모세의 모습이 새겨져 있고, 이 둘레에는 열두 제자, 열두 예언자와 건축 당시의 수도원장 롱지너스, 요한 집사등 모두 26명의 모습이 그려져 있다. 그리고 이 교회 주위에는 모세가 본 불 붙는 떨기나무와 같은 떨기 나무가 지금도 자란다. 현재 이 수도원은 희랍 정교회에 소속된 수도원으로 오전 4시부터 7시 30분까지 예배의식을 갖고, 오후 3시부터 5시까지 저녁 기도시간을 갖는다. 식사는 거의 채식이며, 하루에 한끼만을 먹는다.

시내산과 연관된 성경을 살펴보자.

하나님께서 떨기 나무 불꽃 가운데 나타나신 곳(출 3:1-2), 하나님께서 불 가운데 강림하신 곳(출 19:18), 이스라엘 자손에 대한 규례와 법도를 세우신 산(레 26:16), 모세가 율법과 계명의 돌판을 받은 산(출 31:18) 그리고 호렙산으로 불리기도 했다(신 29:1).

대부분의 순례객들이 가장 힘들어하는 코스가 바로 이 시내산 등정이다. 신앙생활을 하다 보면 시내산을 오르는 것처럼 힘들 때도 있다. 그러나 인내하고 등정을 계속하다 보면 결국 정상에 오를 뿐 아니라 모세를 반긴 하나님께서 우리도 반겨 주실 것이다. 이렇게 소망 있는 발걸음이 어디에 또 있을까?

색인

(ㄱ)

(ㅅ)

(ㅇ)

164

(ㅈ)

(ㅊ)

(ㅍ)

(ㅎ)